知库

教育与语言

——

启蒙与探索

小学科学教材比较及资源环境教育融合研究

陈利洪 著

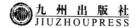

九州出版社
JIUZHOUPRESS

图书在版编目（CIP）数据

启蒙与探索：小学科学教材比较及资源环境教育融
合研究／陈利洪著．北京：九州出版社，2024.9.
ISBN 978-7-5225-3345-2

Ⅰ. G623.62

中国国家版本馆 CIP 数据核字第 20248XV707 号

启蒙与探索：小学科学教材比较及资源环境教育融合研究

作　　者　陈利洪　著
责任编辑　赵恒丹
出版发行　九州出版社
地　　址　北京市西城区阜外大街甲 35 号（100037）
发行电话　（010）68992190/3/5/6
网　　址　www.jiuzhoupress.com
印　　刷　唐山才智印刷有限公司
开　　本　710 毫米×1000 毫米　16 开
印　　张　14.5
字　　数　222 千字
版　　次　2025 年 1 月第 1 版
印　　次　2025 年 1 月第 1 次印刷
书　　号　ISBN 978-7-5225-3345-2
定　　价　89.00 元

自　序

嗟乎！余自昔日探究自然科学之理，今转而致力于小学科学教育之道，此转变之大，令人惶恐不已。盖因自然科学之深奥，非经年累月不能窥其门径；而今欲以浅显之言，传授科学之真谛于童子，此任务之艰巨，可想而知。然余既承此任，必当鞠躬尽瘁，死而后已。

小学科学教育，乃启蒙之学，关乎国家之未来，民族之希望。余深感此任之重，而热爱此专业与方向之心，亦随之而生。愿以满腔热情，投身于此崇高事业，为童子开科学之门，启智慧之窗。

著书立说，乃学者之本分。然余常思，学术之作，往往深奥难懂，非专业人士不能解其意。故余在撰写此书时，力求浅显易懂，以期让更多人能读懂科学之美。因此，书中设计诸多案例，以生动形象之方式，解释科学原理，阐述教育方法。此等案例，或源于教学实践之真实经验，或构思于缜密之逻辑思维，皆为以浅显易懂之方式展现科学之深邃，让读者在轻松愉悦之中，领悟科学之真谛，使此专著更加平易近人，易懂易通。

余才疏学浅，虽竭尽所能，然书中疏漏之处，在所难免。尚祈方家不吝赐教，以匡不逮。若能以此书为引玉之砖，引出更多真知灼见，则余愿足矣。

谨以此书，献予热爱科学、关心教育之同仁。愿我们携手共进，为小学科学教育之繁荣，贡献绵薄之力。

目　录
CONTENTS

第一章

引　言

第一节　研究背景与意义

一、研究背景

随着全球范围内教育创新不断深入以及科技发展日新月异，小学科学教育在培养学生科学素养和创新能力方面的价值逐渐受到广泛重视。科学教育不仅可以帮助学生积累知识，也在发展学生个性、激发学生创新思维、锻炼学生实践能力以及培育学生社会责任感等方面扮演着至关重要的角色。①

提高小学生的科学素养是当前小学科学教育的重要目标之一。所谓核心素养，是指引领和带领学科教学，面向人的终身发展，将教学活动升华为育人行动，折射出学生终身可持续发展所必备的素养和与国家、社会一致的核心价值观。②

---

① 黄海旺，王海英. 小学科学教材与教学现状及对策［J］. 课程·教材·教法，2007（06）：70-76.

② 林丹玲. 从改变学习方式到赋能科学素养：小学科学项目化学习的行与思［J］. 小学教学参考，2022（03）：83-85.

　　小学科学教材作为实施科学教育的重要工具，在全球资源与环境问题日益严重的背景下，对其进行比较研究，以及实现小学科学与资源环境教育的创新融合，具有深远的理论和实践意义。下文将从国际小学科学教育的发展趋势、我国小学科学教材及教育面临的主要问题、资源环境教育的重要性以及近年来国家针对小学科学教育出台的典型政策等四个维度，详细阐述本研究的相关背景，以期为我国小学科学教育的进一步发展提供有益参考。

（一）国际小学科学教育的发展趋势

1. 着重于科学素质的培养

　　全球视野下，小学科学教育的中心目标正日益聚焦于对学生科学素质的培养，旨在塑造学生的科学思维、探索技能和创新意识。这种培养不仅有助于提升学生的全面素质，更为他们日后的学习和职业发展奠定坚实的基础。小学阶段，学生的好奇心和探索欲最为旺盛，因此，科学教育应引导他们发现并探索身边的科学现象，点燃他们的学习热情。为实现这一目标，各国在课程设计、教学方法及教学资源利用上都在进行积极的变革和创新，如增加实验和实践教学，鼓励学生亲自动手、细心观察、深入思考。[①]同时，教师们也在不断努力提高自己的专业水平，以便更有效地指导学生揭开科学的神秘面纱。在科学教育的过程中，教师应当着重于激发学生的创新意识、提升他们的创新能力，鼓励他们勇于质疑、积极寻找答案，这对于培养大量的创新型人才具有至关重要的意义。

2. 推崇多元化与包容性

　　当前，国际小学科学教育强调多元化和包容性，致力于确保不同性

---

① 贾策远. 美国小学科学教育研究 [D]. 延边：延边大学，2020.

别、具有不同文化背景的学生都能平等地获得科学教育的机会。①这种教育理念有助于培养学生跨文化理解和交流的能力，帮助他们更好地融入未来的多元化社会。为实现这一目标，学校和教育机构应尊重和接纳学生的多样性，鼓励他们分享各自的文化和背景，促进彼此间的理解和尊重。

同时，教育部门还应提供公平的教育机会，确保所有学生都能平等地参与科学教育活动。教师应该不断地更新自己的教育理念，采用新颖的教学方式，从而满足不同学生个性化的学习需求。此外，对于因各种原因无法获得良好科学教育的学生，学校和教育机构应提供必要的支持和帮助，让他们也能享受到科学教育的乐趣和益处。

3. 科学与日常生活的深度融合

国际小学科学教育将科学知识与日常生活紧密相连，着重强调科学教育在解决实际问题中的实用性。教师巧妙地将科学知识融入学生日常生活的现象与问题中，引导他们领悟科学知识的实际运用，从而培养他们动手实践的能力和解决问题的能力。例如，教师可以设计一系列与生活息息相关的实践活动，如研究如何提高能源利用效率、如何进行垃圾分类等，让学生在实践中学习、在应用中成长。

此外，通过引导学生参与实际问题的解决过程，教师还能够激发他们的创新性思维、批判性思维能力以及团队合作精神和社会责任感。教师可以组织学生开展环保项目，如研究减少污染、保护生态平衡、减缓温室效应等现实问题，鼓励学生提出并实施自己的解决方案。这样的活动不仅能够让学生体验到科学的魅力，还能够培养他们的社会责任感，让他们成为具有创新精神和实践能力的未来人才。

---

① 叶丽娜，方蕾蕾，冯永刚，等. 追求教育选择的多元化：英国基础教育学制发展趋势研究［J］. 基础教育参考，2023（07）：37-47.

（二）我国小学科学教材及教育的主要问题

我国小学科学教材与小学科学教育在历经持续不断的改革与创新之后，取得了瞩目的成就与进步。教材建设日臻完善，得益于一流学者的深入参与和精心编写，确保了教材内容既具备科学性又紧贴前沿发展动态。与此同时，小学科学教育的教学条件也得到了显著的提升，小学实验仪器达标学校的比例大幅增长，为孩子们提供了更为丰富、优质的实践学习环境。在科学教育师资队伍方面，专任科学教师的总量持续增长，教师队伍的整体素质也得到了显著提升。他们不仅具备扎实的专业知识，还能够灵活运用多样化的教学方法，有效激发孩子们对科学的兴趣和热情。此外，丰富多彩的科学教育活动和校外实践平台，也为孩子们提供了更为广阔的探索空间和实践机会。

这些积极的努力使得小学生的科学学业表现整体呈现出良好的态势，充分展示了我国科学教育的蓬勃生机与活力。然而，我们也需要清醒地认识到，我国小学科学教材及教育在发展过程中仍面临着诸多挑战和问题，需要我们继续深入探索、持续改进，以推动科学教育事业的持续健康发展。

1. 教材内容略显单一

目前，我国小学科学教材在内容的编排上略显单一，过于注重对传统自然科学知识的灌输，而对科学思维和实践技能的培养则显得相对薄弱。尽管教材涵盖了物理、化学、生物等核心学科领域，但各内容模块之间缺乏有效的跨学科整合，导致学生难以形成全面而深入的科学认知。此外，教材内容过于偏向理论知识的讲解，缺乏足够的实验与探究活动设计，这在一定程度上限制了学生实践能力的提升以及科学探究精神的培养。因此，有必要对小学科学教材进行改进和优化，以更好地培养学生的科学素养和综合能力。

2. 与现实生活联系不够紧密

当前小学科学教材中的实验和案例与现实生活存在脱节现象，使得学生难以将所学知识与实际生活相结合。教材中的实验设计往往过于理论化，缺乏生活实例的支撑，操作不易，重记忆少应用，导致学生难以理解科学知识的实际应用场景。①当前小学科学教材中的部分案例比较陈旧，与学生的日常生活实际相去甚远，缺乏鲜明的时代气息和深刻的现实意义，难以激发学生的共鸣和兴趣。这种明显的脱节不仅严重制约了学生的学习效果，更是阻碍了科学教育在实际生活中的应用价值。

3. 创新性不足

小学科学教材在呈现方式上缺乏创新性，尤其是图片形式单一、内容陈旧、缺乏趣味，未能充分利用现代科技手段提升内容的趣味性和互动性。②尽管多媒体和网络资源丰富多样，但教材在这方面的应用仍显不足。动画、视频、模拟实验等多媒体形式能够更直观地展示科学原理和现象，有助于学生更好地理解和掌握科学知识。然而，现行教材在这方面的整合与应用相对较少，导致学生对科学学习的兴趣和探究欲望难以被有效激发。

此外，教材在内容组织和编排上也缺乏创新。传统的线性编排方式虽然便于知识点的系统化呈现，但忽略了学生的学习特点和认知规律。学生更倾向于在一个具有主题性或探究性的学习环境中进行深入学习和实践。因此，教材应更加注重采用主题式、项目式等更具探究性的编排方式，以更好地激发学生的主动性和创造性。

4. 资源环境教育仍薄弱

当前小学科学教材中对资源环境教育的关注度不足，未能将环保意

---

① 冯凯. 建立联结：科学教材内容育人价值的深度挖掘：以苏教版小学科学"神奇的机械"单元为例 [J]. 教育理论与实践，2022，42（14）：41-43.

② 罗春燕. 小学科学教科书中单元主题图的分析与建议：以中年段教科版教科书为例 [J]. 教育观察，2021，10（15）：106-109.

识和可持续发展理念充分融入其中。教材中关于资源环境的章节或内容相对较少，且往往被边缘化。这导致学生在学习过程中难以充分认识到环境问题的重要性和紧迫性，也无法形成全面的环保意识和责任感。教材中对资源环境政策知识的描述较少，在各年级的分布上并不均衡。总体上教材中有关资源利用和环境保护的内容少且承载方式单一。①同时，教材在介绍资源环境知识时往往停留在表面，缺乏深入的探究和讨论。例如，对于全球变暖等环境问题，一些教材只是简单地介绍概念，而未能引导学生深入思考其原因、影响及应对措施。这种蜻蜓点水式的教学方式无法让学生真正理解和关心环境问题，也无法培养他们的环保行动能力。

此外，部分教材还可能存在"误导"措辞、"不当"排版、"伪控制"变量等问题。②另外，部分教材也存在未能将环保意识和可持续发展理念融入各个章节的内容的问题。资源环境问题不仅是一个需要科学研究的课题，它还广泛牵涉到社会结构、经济发展、文化传承等多个层面。然而，一些现行教材在讨论其他科学问题时忽略了与资源环境问题的联系，导致学生的视野受限，无法形成全面而深入的认识和理解。

（三）资源环境教育的重要性

伴随着人类活动的持续增长，资源利用和环境问题变得愈加严峻，这使得资源环境教育的紧迫性和重要性更加凸显。资源环境教育的核心目标是帮助学生深刻理解人类与自然环境的互动关系，激发学生的环保意识，进而树立可持续发展的理念和相应的行为习惯。③然而，当前资源环境教育在小学阶段并未得到足够的重视，教育内容和方法有待完善。

---

① 粟蝶. 中美小学科学教材中环境素养取向的比较研究［D］. 金华：浙江师范大学，2023.

② 郭亚山. 苏教版小学科学教材中亟待解决的三个问题［J］. 考试周刊，2018（50）：3+5.

③ 戴秀丽. 生态价值观的演化及其实践研究［D］. 北京：北京林业大学，2009.

要加强小学科学教育中的资源环境教育，首先必须厘清资源环境教育的重要性。

1. 培养学生环保意识，共筑生态家园

环保意识的培养是资源环境教育的核心目标之一。通过教育，学生可以了解到自然资源的有限性和环境的脆弱性，从而学会珍惜资源，保护环境。这种环保意识不仅影响学生的个人行为，还能通过他们的言行影响家庭、社区乃至整个社会。当学生将环保理念内化为自己的行为准则时，他们会在日常生活中自觉减少污染、节约资源，共同为建设生态家园贡献力量。

2. 播种可持续发展观念，助力学生未来成长

可持续发展观念是应对当前环境问题的重要理念，也是未来社会发展的必然趋势。资源环境教育通过向学生传递可持续发展的思想和方法，帮助他们在成长过程中形成对资源、环境和社会的正确认识。这种观念将伴随学生的一生，指导他们在未来的学习、工作和生活中做出符合可持续发展原则的选择和决策。这不仅有助于学生的个人成长，也为社会的可持续发展奠定了基础。

3. 推动跨学科整合，深化学生科学认知

资源环境教育具备显著的跨学科特质，横跨地理、生物、化学、物理等多个学科领域。通过这一教育形式，学生能够更好地将不同学科的知识进行融会贯通，形成更为全面、深刻的科学认知体系。这种跨学科的学习方式不仅能够提升学生的综合素质和解决问题的能力，使他们能够在面对复杂现实问题时灵活运用所学知识，提出富有创新性的解决方案，而且有助于激发学生的求知欲和探索精神，培养他们的创新思维和实践能力。

4. 提升学生综合素质和社会责任感

资源环境教育在提升学生综合素质的同时，也有效增强了他们的社会责任感。通过学习环境保护和资源管理的相关知识，学生能够培养起批判性思维，学会如何深入分析问题并提出切实可行的解决方案。此外，

当学生深刻认识到自身行为对环境产生的直接影响时，他们更有可能积极参与环保行动，为社区乃至全球环境的改善贡献自己的力量。

5. 促进学生身心健康和全面发展

资源环境教育在促进学生身心健康与全面发展方面发挥着不可或缺的作用。通过与自然环境的亲密接触和深入理解，学生们能够深刻体验到大自然的壮丽与奥秘，进而培养出对自然的敬畏之心和爱护之情。此外，这种教育形式还有助于学生在认知、情感、社交和身体等多个层面实现全面成长与发展。

6. 培养学生的创新和创业能力

在环保产业蓬勃发展的当下，社会对环保技术和创新解决方案的需求日益旺盛。资源环境教育正是培养学生创新和创业能力的关键途径。它能够激发学生的创新思维，提升他们发现并解决环境问题的能力，使他们可以在未来的职场竞争中占据优势地位，甚至可能培养出新一代的环保创业者和行业领军人物。

7. 增强国际合作与交流

面对全球性的环境问题挑战，国际社会的合作与交流尤为重要。资源环境教育有助于培养学生的全球视野和跨文化沟通能力，使他们能够更好地理解全球环境问题的紧迫性，并在国际舞台上发挥积极作用。这种能力的培养对于学生未来的职业发展和开展国际合作至关重要，有助于培养他们成长为具有高度社会责任感的全球公民。

综上所述，资源环境教育的重要性不仅体现在培养环保意识、播种可持续发展观念和推动跨学科整合等方面，更在于它对学生综合素质、社会责任感、身心健康、创新和创业能力以及国际合作与交流能力的提升。这些方面的提升将有助于学生更好地适应未来社会的需求，成为有担当、有作为的全球公民。

（四）近年国家针对小学科学教育的典型政策与文件

1.《教育部关于加强和改进中小学实验教学的意见》

发布时间：2019 年（教基〔2019〕16 号）。

该意见着重强调了实验教学在中小学教育中的重要性。为了全面提升学生的实践能力和科学素养，意见提出了完善实验教学体系和创新实验教学方式的要求。这不仅能够帮助学生更好地理解理论知识，还能通过强化学生实践操作和情境体验，有效提升学生的观察能力和动手实践能力。通过这种方式，学生可以更直观地理解科学原理，培养科学探究的兴趣和能力。

2.《关于加强新时代中小学科学教育工作的意见》①

发布时间：由教育部等十八部门于 2023 年 5 月联合印发。

该意见对新时代中小学科学教育工作进行了全面系统的部署。在教育"双减"政策背景下，意见提出要做好科学教育的加法，以支持教育、科技、人才的高质量一体化发展。为此，意见明确了力争在 3 到 5 年内使中小学科学教育取得突破性进展的目标。同时，为了提升科学教育的质量，意见还聚焦改进学校的教学与服务，特别是要加强师资队伍建设，从源头上保证高素质、专业化的科学类课程教师供给。此外，意见还要求各中小学要开齐、开足、开好科学类课程，并强化实验教学，以及广泛组织中小学生前往各类科学教育场所进行实践活动，以提升他们的科学素养和实践能力。

3.《教育部办公厅关于推荐首批全国中小学科学教育实验区、实验校的通知》

发布时间：2023 年（教监管厅函〔2023〕12 号）。

为推动科学教育的高质量发展，教育部决定通过分批启动全国中小

---

① 教育部等十八部门关于加强新时代中小学科学教育工作的意见［J］. 中华人民共和国教育部公报，2023（05）：20-24.

学科学教育实验区、实验校建设项目来实施改革。这一举措旨在在全国范围内建立中小学科学教育的实验区和实验校，以此为平台，在课程资源开发、教师队伍建设等重点领域和关键环节进行先行先试，以探索实施科学教育的有效途径。通过这一项目，教育部期望能够推动科学教育的创新和发展，为全国范围内的中小学提供可借鉴的经验和模式。

4. 政府工作报告中的相关内容

发布时间：2024 年 3 月。

在最新的政府工作报告中，再次强调了教育的重要性，并提出了加强高质量教育体系建设，全面贯彻党的教育方针的任务。报告特别提出，在教育"双减"政策实施的同时，要做好"科学教育加法"，即注重提升学生的科学素养和实践能力。为此，报告提出推动中小学科学课程教学改革的建议，以期通过创新教学方式和内容，激发学生对科学的兴趣和热爱，培养他们的创新思维和实践能力。这一政策的提出，不仅体现了国家对科学教育的重视，也为中小学科学教育的改革和发展指明了方向。通过实施这些措施，我们有望培养出更多具备科学素养和创新精神的人才，为国家的科技进步和社会发展做出贡献。

这些政策、法案和通知共同构成了国家层面对小学科学教育的全面指导和支持体系，旨在提升学生的科学素养和实践能力，培养未来的科学家和创新人才。每一项政策都着重强调了科学教育的重要性，并提出了具体的实施措施和改革方向。

二、研究意义

（一）理论意义

本研究致力于深入剖析小学科学教材与资源环境教育之间的融合问题，旨在进一步丰富和发展小学科学教育与资源环境教育的理论体系。本研究提出了切实可行的融合策略与实施方法，为相关的教育实践提供了有力的理论支撑和宝贵的参考依据。这不仅有助于提升小学科学教育的质量，还能够有效推动资源环境教育的发展，为实现可持续教育目标奠定坚实的基础。

（二）实践意义

1. 在科学素养与生态意识培育方面，将小学科学教材与资源环境教育有机融合，不仅能够有效传授科学知识，更能引导学生积极关注环境问题，培养他们的生态意识和可持续发展观念。这种教育模式对于引导学生将环保理念融入日常生活，形成积极、健康的生活方式具有显著作用。

2. 对于小学科学教育的创新与发展而言，通过深入研究融合实践，能够揭示当前小学科学教育中存在的盲点和不足，从而提出具有针对性的改进策略。这不仅能够提升小学科学教育的整体质量，还能够推动其与时俱进，更好地适应和满足当代社会的发展需求。

3. 在教育政策制定方面，本研究成果将为教育部门提供有力的数据支持和理论参考，有助于推动小学科学教育与资源环境教育的协同发展和政策落实。这对于促进教育资源的优化配置和提升教育效果具有积极意义。

4. 在跨学科交流与合作方面，本研究横跨小学科学教育和资源环境教育两大领域，有助于打破学科壁垒，促进两个领域之间的学术交流与深度合作。这种跨学科的研究模式不仅能够推动相关学科的交叉融合和创新发展，还能够为未来的教育研究和实践提供新的思路和方向。

综上所述，本研究在理论和实践层面都具有深远的意义，对于小学科学教育与资源环境教育的融合发展、提升学生的综合素养以及促进相关学科的交叉创新等方面将产生积极的推动作用。

第二节　研究综述

一、小学科学教材方面

科学课程改革在全世界范围内始终不曾间断，这场改革运动最初源于美国。美国于 2013 年 4 月颁布《新一代科学教育标准》（Next Generation Science Standards），将学科核心概念、跨学科概念和科学与工程实践整合在一起。[1]我国于 2017 年出版的《义务教育小学科学课程标准》（以下简称《科学课程标准》）强调了教师促进学生学习和发展的作用，凸显学生的主体地位，倡导以探究式学习为主，注重教学活动联系生活实际，激发学生手脑并用、亲身体验等实践活动。以此塑造学生良好的科学态度，进而强化学生的科学素养，达到"立德树人"的根本任务。[2]

由于科学课程包含非常丰富的内容，也对相关教师提出了更高的要求。HERBERT S 等[3]的研究发现，在澳大利亚，小学科学老师在进行相关授课时往往显得信心不足。GOLOB N[4] 认为在科学教育领域，健康的生活方式是一个容易被忽视的科学话题，未来科学教育的内容范围

① 施展霞.美国、英国、新加坡、中国小学科学课程标准比较研究［D］.南京：南京师范大学，2018.
② 中华人民共和国教育部.义务教育小学科学课程标准：第一版［M］.北京：北京师范大学出版社，2017.
③ HERBERT S, HOBBS L. Pre-Service Teachers' Views of School-Based Approaches to Pre-Service Primary Science Teacher Education ［J］. Res Sci Educ, 2018（48）：77-809.
④ GOLOB N. Is Healthy Lifestyle a Science Education Topic? - Study of a Healthy Way of Life, Beverages and Meal Choices among Primary School Children ［J］. Education and Science, 2011, 36（162）：288-300.

还应该继续拓展。与国外不同，Liu 等①的研究认为中国很少有科学实践活动可以通过带领学生体验真正的科学研究过程去掌握科研方法，磨练科学精神，感受科学精髓。总结国外小学科学课程改革经验与发展趋势，有助于为我国科学课程标准的修订与完善提供借鉴。②

潘洪建③对我国 1912—2021 年间的小学科学课程发展进行了详细梳理。目前关于小学科学的国内外比较研究，主要还是集中在课程标准研究④、教材内容比较⑤、核心素养评价⑥等方面，同时也涉及中国大陆和中国香港地区⑦、台湾地区⑧的教材比较。杜代力⑨曾经认为我国对小学科学教材的对比研究只有中外的对比研究，而没有国内不同版本小学教科书的对比研究。实际上，这几年也有国内小学科学教材的比较研究，比如邵建新和田德旭就曾对新教科版、苏教版小学一年级科学教材进行了比较分析⑩，但选取的比较对象仅是小学科学教材的一部分。

---

① LIU X, JING S, GONG X, et al. Design of Science Education Course for Primary and Secondary School in the Intelligent Age ［C］. 2018 Chinese Automation Congress：1-4.
② 潘洪建．小学科学课程：国际趋势与政策建议：基于 10 国课程标准的比较 ［J］．当代教育与文化，2017，9（02）：32-40.
③ 潘洪建．中国小学科学课程发展 110 年（1912—2021） ［J］．教育与教学研究，2021，35（07）：45-61.
④ 胡军．中日小学科学课程标准比较研究 ［J］．外国中小学教育，2010（09）：40-45.
⑤ 闫蒙钢，朱小丽，孙影．美国 STC 教材与我国小学科学教材的比较 ［J］．比较教育研究，2009，31（02）：68-72.
⑥ 史加祥．小学科学学科核心素养的评价与改进：基于中国、新加坡、英国、美国小学科学测评卷的比较 ［J］．教育测量与评价，2021（02）：56-64.
⑦ 胡进．我国内地及香港小学科学课程标准比较与评析 ［J］．教育测量与评价，2018（01）：39-45.
⑧ 赵书栋，刘嘉茹．科学素养导向下两岸小学科学教材内容广度和深度的比较 ［J］．内蒙古师范大学学报（教育科学版），2020，33（02）：133-137.
⑨ 杜代立．教科版与湘教版小学科学教科书比较研究 ［D］．重庆：重庆师范大学，2015.
⑩ 邵建新，田德旭．新教科版、苏教版小学一年级科学教材比较分析 ［J］．兵团教育学院学报，2018，28（06）：74-79.

基于 2017 版小学科学教材的出版和使用，姚建新①进一步对我国未来科学教材的编写和使用提出了建议。

总体上，对于国内小学科学教材的比较研究还处于起步与发展阶段。

二、资源环境教育方面

"环境教育"一词在国际上首次被正式提出是在 1948 年国际自然保护同盟（IUCN）在巴黎召开的一次会议上，随后被广泛接受。②当然，近年来，随着人们越来越关注全球变暖和气候变化，环境教育也被认为是吸引公众参与的重要方面。③

大自然中蕴藏着丰富的自然资源。教师将自然资源融入科学启蒙教育中，可以有效地帮助学生获得丰富的感性经验，发展思维能力，为学生对其他领域的深入学习奠定基础。④教师要充分利用自然资源，开展丰富多彩的活动，激发学生科学探究的兴趣。⑤钱玮韡⑥以水资源与国家安全为例，在明确水资源和国家安全重要性的基础上，强调教师应该进行教学反思，注重对学生水资源安全意识的培养，实施水资源安全问题的教学路径，满足多元评价。

良好的环境是人类生存的基本条件，是人类赖以生存的基础。当前生态环境日趋恶劣，保护和改善环境，已经成为人类一项紧迫的任务。

---

① 姚建欣. 新编小学科学教材的特点分析与后续册次修订建议［J］. 课程·教材·教法，2018，38（11）：128-133.

② 黄宇. 国际环境教育的发展与中国的绿色学校［J］. 比较教育研究，2003（01）：23-27.

③ Potter, G.. Environmental Education for the 21st Century: Where Do We Go Now? ［J］. The Journal of Environmental Education，2009，41（1），22-33.

④ 朱姝. 例谈自然资源在科学启蒙教育中的运用［J］. 好家长，2019（95）：93.

⑤ 石明芝. 利用自然资源 开展科学教育［J］. 好家长，2021（95）：11.

⑥ 钱玮韡. STSE 教育关于自然资源与国家安全的教学策略：以水资源与国家安全为例［J］. 福建基础教育研究，2024（04）：95-97.

对小学生进行环境教育已刻不容缓。①环境教育是科学教育的重要组成部分。科学课通常强调问题及其结果，但环境教育超越了有关环境科学知识的传授，更应发展学生关于人类与环境、环境与发展关系的认知。②郝春香③认为学校应该通过多种途径展开环境教育活动，在各学科中渗透环境教育是学校环境教育的主要途径。当前我国的环境教育虽然发展很快，但是还没有一个完整的体系，特别是在教材方面，虽然已经出版了一些专门的环境教育教材，但是真正能在教学过程中有效开展环境教育的教材数量还是很不足。④即使在我国香港地区，环境教育也是注重于自然环境生态方面知识的教学。⑤随着对环境教育认识的深入，一线中小学教师认为学校应在各种课程中有效渗透环境教育，并持续开展与环境教育主题相关的系列活动。⑥

由于自然资源的开采和利用是一把双刃剑，支持经济增长有时会造成环境恶化，甚至出现"资源诅咒"。⑦目前我们的资源及资源利用问题很多，诸如水资源利用问题⑧、土地资源利用问题⑨、矿产资源利用问

---

① 张燕妮．小学环境教育校本课程开发的实践研究［J］．环境教育，2024（Z1）：66-68.

② 祝怀新，阮迪．小学科学教师实施环境教育的问题与对策：基于杭州市西湖区小学科学教师的实证研究［J］．教育文化论坛，2022，14（01）：86-92.

③ 郝春香．小学科学课程中环境教育的研究［D］．北京：首都师范大学，2014.

④ 杨舒宁．小学科学教科书中环境教育内容编制的分析［D］．沈阳：沈阳师范大学，2011.

⑤ 祝怀新．环境教育论［M］．北京：中国环境科学出版社，2002.

⑥ 朱佳琦．依托环境教育开展绿色学校建设的校本行动［J］．浦东教育，2023（10）：28-30.

⑦ XING LI, LINA MA, ASIF M. RUMAN, et al. Impact of Natural Resource Mining on Sustainable Economic Development：The Role of Education and Green Innovation in China［J］. Geoscience Frontiers, 2024, 15（3）: 101703.

⑧ 王馨梅，贾生海，武兰珍，等．甘肃省非常规水资源农业利用现状及存在问题［J］．农业工程，2023，13（12）：77-82.

⑨ 赵桐，李俊颖，王浚浦．新时期农村土地资源管理与土地利用问题的分析［J］．中国农村科技，2022（03）：61-62.

题①等。但专门针对资源利用的科学教育仍然不足。

总的来看，对于资源环境教育的研究和实践，环境教育和资源利用教育并没有有效地整合，且针对小学生的资源环境教育的教材和教辅也是明显缺乏的。

第三节　研究目的与研究内容

一、研究目的

面对当前环境教育所遭遇的诸多挑战，本研究致力于通过创新的融合策略，进一步提升小学生的科学素养，并深化他们对环境保护的理解与认知。同时，本研究还将积极探索小学科学教材与资源环境教育之间的协同教学路径，以期实现更为有效的教育整合。

具体而言，本研究的目的可细化为以下几个方面：

首先，本研究将致力于增进理论深度，对小学科学教育和资源环境教育的核心理念、教学内容及方法进行系统性的梳理与探究。通过完善与拓展相关理论体系，期望为未来的研究和实践提供更加坚实、科学的理论基础。

其次，本研究将全面审视和分析现有小学科学教材以及资源环境教育的内容设计、教学方法及评价体系。通过深入揭示两者在融合过程中的现状、存在的障碍及其成因，为制定更具针对性的融合策略提供现实依据。

此外，本研究还将积极探索小学科学教材与资源环境教育之间的有

---

① 董延涛，阴秀琦，张艳飞，等．战略性矿产资源高质量开发利用问题与对策［J］．地球学报，2021，42（02）：145-150.

机融合路径。借助文献综述、案例剖析等多种研究方法，期望提出一系列切实可行的融合策略和方法，为教育实践者提供有力的参考和指导。

最后，本研究期望通过实施上述融合策略和方法，使小学科学教育内容更加丰富多彩，进而激发学生的学习兴趣和内在动力。更重要的是，本研究期望通过这一过程，能够有效地培养学生的环保意识和可持续发展的全球视野，为提升小学生群体的科学素养和环保行动力奠定坚实基础，从而培育出一批具备高度环保意识和科学素养的未来力量。

二、研究内容

为了实现上述研究目的，本研究将围绕以下四个方面的内容展开研究。

（一）对理念与内容的深入解析

本研究首先对小学科学教育和资源环境教育的核心理念、教育目标及具体内容进行细致的分析，旨在揭示两者之间的内在联系和潜在的融合点，进而为后续的融合策略构建提供坚实的理论支撑。

（二）对现状的全面审视

为了更准确地把握当前小学科学教材与资源环境教育的融合现状，本研究将从多个维度进行深入剖析。具体包括：

1. 对教科版、人教版和苏教版小学科学教材的内容进行比较分析，以揭示其在科学知识体系、实验设计以及活动安排等方面的独特之处和可能存在的不足。

2. 对资源环境教育的内容进行系统的梳理和分析，以了解其教育理念、目标及价值等方面的主要特点和可能存在的问题。

（三）对融合路径的创新探索

在深入理解现状和挑战的基础上，本研究将致力于探索小学科学教材与资源环境教育之间的有效融合路径。本研究综合运用了文献研究、案例剖析等多种研究方法，提出了一系列既富有创新性又具备实用价值的融合策略与实施方法。这些策略将涵盖教育内容的整合、教学方法的创新、教育资源的共享以及教育评价的完善等多个方面，旨在为教育实践者提供有力的参考和指导。

（四）对融合发展的实践探索分析

实践是检验真理的唯一标准。本研究将对三类小学科学教材与资源环境教育融合的案例进行深入分析：实践活动类案例、课堂教学类案例、多育融合模式案例。在此基础上，提出小学科学教材与资源环境教育融合的实践策略。

通过以上四个方面的研究与探讨，本研究期望能够为小学科学教育与资源环境教育的融合发展提供全面、深入的理论支持和实践指导。同时，也期望能够推动小学生科学素养和环保意识的有效提升，促进小学科学教育与资源环境教育的持续改进和协同发展。

第四节　研究方法与范围

一、研究方法

本研究综合运用了多种研究方法，以确保研究的全面性和深入性。主要包括以下几种。

1. 文献研究法。本研究通过系统梳理国内外关于小学科学教育和资源环境教育的文献资料，旨在全面把握当前该领域的研究动态和主要问题，从而为后续研究提供坚实的理论支撑和参考依据。通过深入剖析相关文献并整合、提炼部分案例，为后续的实践探索和理论创新提供有力支持。

2. 内容分析法。本研究对小学科学教材和资源环境教育的内容进行了深入且细致的剖析，旨在揭示这些教育内容的内在结构、关键要素及其融合现状，从而为后续的策略制定提供坚实的理论支撑和依据。

3. 案例研究法。本研究精心筛选了一系列具有典型意义的小学科学教材和资源环境教育案例，通过对这些案例的深入剖析，系统总结了其在融合策略构建方面的成功经验和存在的问题。这一做法旨在从实践中汲取智慧，为小学科学教育和资源环境教育的深度融合提供有力的实践参考和借鉴。

二、研究范围

为了保障研究的全面性和典型性，本研究明确了以下的研究领域。

1. 小学科学教材的研究范围：选择不同地区、不同版本的小学科学教材进行深入研究，了解其在科学知识体系、实验设计、活动安排等方面的特点和不足。

2. 资源环境教育的研究范围：选择不同地区、不同类型的资源环境教育项目和进行深入分析，深入探索其在教育理念、教学目标以及教育内容等方面的独特性和存在的问题。

通过以上研究方法和范围的设定，本研究旨在深入剖析小学科学教材与资源环境教育的融合现状，提出切实可行的融合策略和方法，为推动两者的协同发展提供有力支持。同时，笔者也期望通过本研究，能够为进一步提升小学生的科学素养和环保意识，促进教育的全面发展贡献力量。

第二章

小学科学教育的发展与挑战

第一节　小学科学教育的历史与发展

小学科学教育作为基础教育的重要组成部分，旨在培养学生的科学素养和探究精神①。自我国古代教育起源以来，科学教育的内容和形式都经历了不断的演变和创新。本节将追溯小学科学教育的历史演变过程，旨在为当前正在进行的科学教育改革提供历史的镜鉴。

一、古代小学科学教育的萌芽

在我国古代，尽管没有像现代那样设立明确的"科学"学科，但科学教育的种子已经悄然播撒在多元化的教育内容和方法中。那时，科学教育并未作为独立的学科存在，而是巧妙地融入蒙学、经学等多种教育形式，为古代学子打开了一扇探索自然世界的窗户。

蒙学，作为儿童启蒙的关键环节，不仅教授识字、礼仪，还在其中穿插了丰富的自然知识。诸如《千字文》等经典蒙学教材，通过生动

---

① 李敏. 推动小学生科学素养形成的能力探究［J］. 科学大众（科学教育），2019，（07）：40+150.

的文字描述，向孩子们展示了天文、地理、动植物等自然界的奥秘。①
这些深入浅出的知识介绍，不仅培养了孩子们对自然的初步认知，更在
无形中激发了他们探索未知世界的渴望。

经学，作为古代教育的重要组成部分，同样蕴含着丰富的科学元
素。例如，《诗经》中对动植物的描绘，不仅展现了古人对自然的细致
观察，也为后世提供了珍贵的自然科学资料。②《尚书》中记载的天文
知识，则揭示了古人对宇宙规律的朴素理解。这些经学中的科学内容，
不仅丰富了古代教育的内涵，也为当时的科学发展提供了有力支撑。③

需要特别指出的是，墨家学派在古代科学教育的演进过程中发挥了
举足轻重的作用。他们秉持"兼爱非攻"的理念，强调人与自然和谐
共生，提倡对自然世界的深入探究。墨家学派的这种自然观和探究精
神，无疑为古代科学教育注入了新的活力，也为后世的科学发展指明了
方向。

综观我国古代的科学教育，虽然其形式和内容与现代有所不同，但
其注重实践、强调经验、追求实用的特点却与现代科学教育有着异曲同
工之妙。这一时期的科学教育不仅为古代科技发展奠定了坚实基础，也
为现代科学研究提供了宝贵的历史借鉴和启示。

这些融入蒙学、经学等多元化教育形式中的科学教育元素，不仅让
古代人民对自然世界有了更为深刻的理解，更在无形中培育了一代又一
代具有探索精神和创新意识的科学家和学者。他们的研究成果和思想智
慧，不仅推动了古代科技的繁荣发展，也为现代科学研究的深入推进提
供了不竭的动力和源泉。

---

① 史湘萍.《千字文》研究 [D]. 长春：东北师范大学，2013.
② 邱美.《诗经》中的植物意象及其影响 [D]. 苏州：苏州大学，2008.
③ 李前梅. 郑玄《尚书》学思想探微 [D]. 武汉：武汉大学，2022.

二、近现代小学科学教育的兴起与发展

（一）清末民初时期的科学教育

清末民初，我国逐渐认识到科学教育对于国家现代化的重要性，并开始从西方引进先进的科学教育理念和教材。这时期的科学教科书主要指新式中小学课堂使用的数学、物理、化学、博物（植物、动物、地理等）等自然科学课程使用的教科书。①当时严复等先驱者发挥了关键作用，他们通过翻译《天演论》等西方科学著作，为我国的科学教育注入了新的活力。同时，清政府也积极推动教育改革，如《奏定学堂章程》的颁布，标志着科学课程正式成为我国小学教育的一部分，奠定了我国近现代小学科学教育的基础。

在这一时期，小学科学教育的内容主要集中在博物、理化、算数等基础学科上。这些学科的设置旨在引导学生初步了解自然科学的奥秘，培养他们的观察力、实验能力和逻辑推理能力。此外，这一时期的科学教育还注重实用性和生活性，鼓励学生将所学知识应用于日常生活中，解决实际问题。

进入民国时期，我国小学科学教育受到进一步重视。当时，政府和社会各界都认识到科学对于国家发展的重要性，提出了"科学救国"的口号。伴随着这样的发展趋势，小学科学教育的重要性日益凸显，其课程内容也变得越来越丰富和全面。除了基础的自然学科知识外，物理、化学、生物等实验课程也被引入课堂，让学生通过亲手操作来加深对科学原理的理解。

民国时期的科学教育不仅注重知识的传授，更强调培养学生的科学

---

① 李春兰，江黎霖，孔令翠. 晚清科学教科书翻译与新式学堂科学知识教育［J］. 上海翻译，2024（03）：48-53 +95.

素养和探究精神。①教师们采用引导式的教学方法，鼓励学生通过观察、实验和总结来发现科学规律，培养他们的创新思维和实践能力。同时，当时的科学教育还注重与实际生活的联系，让学生意识到科学在日常生活中的应用价值。

综上所述，清末民初时期是我国小学科学教育的起步和探索阶段，而民国时期则是其快速发展和完善的时期。这两个阶段的科学教育为我国现代小学科学教育的发展奠定了坚实的基础，提供了宝贵的经验和启示。

（二）中华人民共和国成立后的科学教育

中华人民共和国成立后，小学科学教育被视为国家教育事业的重要组成部分，其重要性得到了前所未有的提升。这一时期的科学教育不仅注重知识的系统性传授，还强调基础性和生活性的结合，旨在全面培养学生的科学素养和探究精神。

1. 课程设置与教材建设

在课程设置上，新中国小学科学教育以自然科学为核心，构建了涵盖生物、物理、化学、地球科学等多个领域的课程体系。这种跨学科的课程设计旨在为学生提供全面的科学视野，同时强调实验和实践的重要性，让学生在动手操作中深化对科学原理的理解。

教材建设方面，这一时期同样取得了显著进步。教材内容不仅注重科学知识的准确性，还强调与日常生活的紧密联系。通过融入生活实例和场景，教材成功地将抽象的科学知识变得生动有趣，更易于学生理解和吸收。此外，课程内容的设计注重启发性和趣味性，这样的特点能够有效地调动学生的好奇心，激发他们的探索欲望。

2. 教学方法的革新与实践

在教学方法上，小学科学教育逐渐摒弃了传统的单向讲授模式，转

---

① 王雪. 科学史的教育功能及其实践探索 [D]. 上海：东华大学，2016.

向更加注重学生主体性和探究性的教学方式。教师开始广泛采用实验、观察、讨论等多元化教学方法，鼓励学生主动发现问题、提出问题并寻求解决方案。这种教育变革不仅使学生参与课堂的积极性得到了显著提高，还有助于培养他们独立思考的能力和解决问题的技巧。

3. 教育资源的投入与优化配置

为了保障小学科学教育的质量提升，国家在教育资源投入方面给予了大力支持。各级政府正努力投入资源，以建设和改善学校的实验室、图书馆等基础设施，保障学校拥有充足的实验教学器材和丰富的图书资源。同时，通过加强教师培训和专业发展项目，教师的科学素养和教育能力也得到了显著提升。这些积极的措施发挥了协同作用，为小学科学教育的稳步发展奠定了坚实的基础。

4. 与国际科学教育的接轨与合作

在全球化背景下，中国小学科学教育积极与国际接轨。教育部门通过引进国际先进的科学教育理念和教学方法，如探究式学习、项目式学习等，进一步丰富了小学科学教育的实践内涵。同时，中国还积极参与国际科学教育交流与合作项目，与世界各国共同探索科学教育的发展趋势和最佳实践。

5. 影响与评价

总体而言，自中华人民共和国成立以来，小学科学教育在提升学生科学素养、培养探究精神以及激发创新能力等方面已经取得了显著的进步。学生的科学知识水平普遍提升，动手能力和解决问题的能力也得到了显著增强。与此同时，这一阶段的科学教育改革与尝试为后续的教育进步打下了坚实的基础，并积累了珍贵的实践经验。

尽管如此，我们也不得不正视当前小学科学教育所面临的一系列挑战与难题。例如，教育资源在不同地区的分布仍存在不均衡现象，一些偏远地区的学校仍面临实验教学设备和图书资料不足的问题。另外，由于传统应试教育观念的束缚，一些学校和家长在科学教育方面的重视程度仍有待进一步加强。

（三）改革开放以来的科学教育

改革开放以来，我国小学科学教育经历了前所未有的变革与发展。[1]随着教育体制的不断创新和完善，小学科学教育在教育理念更新、课程设置优化、教学方法创新以及教育资源投入等方面取得了显著成就，为培育具备创新精神和实践能力的新时代人才奠定了坚实基础。

1. 发展阶段与特点

改革开放以来，我国小学科学教育的发展可分为三个鲜明阶段[2]：第一阶段（1978—1990 年）以实验教学为重点，强调培养学生的实践操作能力。第二阶段（1991—2000 年），随着素质教育的提出，小学科学教育转向注重培养学生的探究精神和创新能力。第三阶段（2001 年至今），《义务教育科学课程标准》的颁布进一步规范并深化了小学科学教育的内容和方法。

2. 课程设置与教材改革的深化

在课程设置方面，小学科学教育逐渐拓展和深化，涵盖了生命科学、物质科学、地球与宇宙科学等多个领域。[3] 这种跨学科的课程设计旨在全面培养学生的科学素养和探究精神。同时，课程设置强调综合性、实践性和探究性，通过实验、观察和探究等多样化活动，引导学生主动发现问题并寻求解决方案。

教材改革方面，小学科学教材更加注重把握学生的认知规律和培养学生的兴趣爱好。教材内容紧密联系实际生活，将科学知识融入日常情境中，以帮助学生更好地理解和应用所学知识。同时，在教材编写过程中，强调内容的启发性和趣味性，能够有效地激发学生的学习热情和探

---

① 张文然 . 小学科学技术教育活动的设计与实施［D］. 济南：山东师范大学，2010.
② 李娟 . 改革开放以来我国科学素质教育政策演变分析［D］. 长沙：湖南大学，2011.
③ 迟菁华 . 基于科学学科核心素养的小学科学教材比较研究［D］. 济南：山东师范大学，2021.

索欲望。

3. 教学方法的创新与实践

随着课程改革的不断深入，小学科学教学方法也迎来了重要的创新与突破。传统的灌输式教学逐渐被更为现代的探究式、启发式和合作式等教学方法所替代。教师们通过设计丰富多彩的探究活动，引导学生主动参与、动手实践，从而培养学生的探究能力和创新思维。此外，信息技术在小学科学教育中的普及和应用，为学生的学习提供了更加丰富多样的体验和可能性。

4. 教育资源的投入与优化

改革开放以来，我国政府对小学科学教育的重视程度日益提升，并不断增加对该领域的投入与支持。各级政府积极建设实验室、科技馆等设施，为学校提供先进的实验教学设备和丰富的图书资料。同时，教师培训项目也得到广泛开展，旨在提升教师的科学素养和教育教学能力。这些举措共同为小学科学教育的顺利推进提供了有力保障。

5. 国际交流与合作的拓展

在全球化背景下，我国小学科学教育积极拓展国际交流与合作。通过参与国际科学教育会议、开展国际合作项目等方式，我国不仅引进了国际先进的科学教育理念和教学方法，还向世界展示了我国小学科学教育的独特成果和经验。这种双向交流与合作有助于推动我国小学科学教育不断迈向新的高度。

总体来看，改革开放以来的小学科学教育在课程设置、教材改革、教学方法创新以及教育资源优化等方面取得了显著成就。这些积极的教育变革不仅显著提高了学生的科学素养和实践能力，同时也为新时代培养具有创新精神的人才打下了坚实的基础。

第二节　小学科学教育的目标与任务

　　小学科学教育，作为基础教育体系中的核心组成部分，承载着培养学生全面发展与提升国家科技创新能力的重要使命。明确界定其目标与任务，不仅有助于促进学生的个体成长与素养提升，更对于推动科学教育的改革与发展，以及国家科技进步与创新能力的不断提升，具有至关重要的战略意义。

一、小学科学教育的总体目标

（一）培养学生的科学素养

　　小学科学教育的核心目标是培养学生的科学素养，这包括学生对科学知识的深入理解、对科学方法的熟练运用以及对科学精神的积极培养。具体而言，科学素养的培养包括以下几个方面。

　　1. 塑造正确的科学认知。对于小学生而言，形成正确的科学观念至关重要，这不仅是他们初次接触科学、揭开自然世界神秘面纱的起点，更是他们未来科学探索之路的基石。在小学科学教育过程中，教师不仅要传授学生基础的科学知识，更要引导他们深入探索自然界的奥秘，领悟科学的真谛，从而激发他们对科学的兴趣和求知欲。

　　通过培养正确的科学观念，小学生能够逐渐建立起对自然界的敬畏之心，学会用科学的眼光去观察和解释身边的现象。这不仅有助于提升他们的科学素养，还能够为他们的全面发展奠定坚实的基础。因此，小学科学教育应当注重培养学生的科学观念，让他们在探索科学的道路上持续前进。

　　2. 掌握科学方法。掌握科学方法对于学生们来说至关重要，这不仅是学习的需要，更是未来生活和职业发展的基石。科学方法主要包括观察、实验、推理和验证等环节，学生们应该通过学习和实践，逐渐掌握这些技能。

观察是科学方法的起点，学生们需要学会用敏锐的目光去捕捉身边的现象，发现其中的规律和问题。通过观察，我们可以收集到大量的第一手资料，为后续的科学研究提供有力的支持。实验是科学方法的核心环节，通过实验，我们可以验证假设的正确性，探究事物的本质和规律。学生们应该积极参与实验活动，亲手操作实验器材，观察实验现象，记录实验数据，从而加深对科学知识的理解和掌握。推理是科学方法的重要组成部分，它要求学生们根据已知的事实和规律，运用逻辑思维进行推理和判断。通过推理，我们可以发现新的科学问题，提出新的假设和理论，推动科学的进步和发展。验证是科学方法的最后一步，也是确保科学研究结果可靠性的关键环节。学生们应该学会运用各种验证手段，如重复实验、对比实验等，来检验自己的研究结果的正确性和可靠性。

通过掌握这些科学方法，学生们可以培养科学探究的能力，提高自己的科学素养，为未来的学习和职业发展奠定坚实的基础。

3. 培育探究精神和创新思维。科学本身就是一个充满未知和挑战的领域，需要不断地进行探索和创新。因此，小学科学教育不仅仅是传授知识，更重要的是激发学生的好奇心和求知欲，引导他们主动地去发现问题、提出问题并寻求解决方案。

为了培养学生的探究精神，教师可以设计一系列富有挑战性的科学实验和探究活动，让学生在实践中感受科学的魅力。同时，教师还可以鼓励学生关注身边的现象，鼓励他们提出问题，并引导他们通过观察和实验来寻找答案。这样的过程不仅可以增强学生的实践能力，还可以培养他们的观察力和分析能力。

在培养学生的创新思维方面，教师需要关注学生的想象力，鼓励他们提出新颖的观点和解决方案。在教学过程中，教师可以采用启发式教学方法，引导学生从不同角度思考问题，鼓励他们进行跨界思考和创新思考。此外，教师还可以组织学生进行小组合作，让他们在交流中碰撞思想，激发创新火花。

因此，小学科学教育应致力于培养学生的探究精神和创新思维。通过一系列富有挑战性的教学活动和启发式教学方法，激发学生的学习兴趣和好奇心，帮助他们形成勇于探索、敢于创新的精神品质。这将为他们未来的学习和生活奠定坚实的基础。

4. 养成科学精神。科学精神涵盖了诸多方面，包括对科学的敬畏、对真理的不懈追求以及对知识的充分尊重等态度。这种精神的培养是科学教育不可或缺的一部分，其目的在于引导学生树立正确的价值观和世界观，进而帮助他们更好地认识和理解科学与社会、科学与人类之间的关系。

首先，对科学的敬畏是科学精神的重要体现。科学作为一种探索自然、揭示真理的学科，其深度和广度都令人叹为观止。在探索科学的过程中，人们会不断发现新的现象、新的规律，这些发现往往能够颠覆人们过去的认知，带来全新的视角和思考方式。因此，对科学的敬畏实际上是对人类智慧的一种崇敬，对未知世界的一种敬畏。

其次，对真理的追求是科学精神的核心。科学家们在追求真理的过程中，不畏艰难险阻，不断挑战现有的理论框架，努力揭示事物的本质和规律。这种追求真理的精神是推动科学发展的不竭动力，也是科学教育所要培养的重要品质。

最后，对知识的尊重也是科学精神的重要组成部分。知识是人类智慧的结晶，是人类社会发展的基石。在科学教育中，学生应该学会尊重知识、珍视知识，并不断地通过学习和实践来丰富自己的知识体系。这种对知识的尊重不仅能够帮助学生更好地掌握科学知识，还能够培养他们的创新意识和实践能力。

因此，养成科学精神也是科学教育的重要目标之一。通过引导学生形成正确的价值观和世界观，科学教育能够使他们深刻理解科学与人类社会之间的紧密联系，从而为他们未来的成长和发展奠定坚实的基础。

（二）提升学生的综合能力

在当今社会，学生的综合能力尤为重要。小学科学教育致力于通过科学探究活动，提升学生的观察、实验、推理和交流等综合能力。对这些能力的系统培养，不仅能够帮助学生在科学学习中取得更优异的成绩，更能为他们的未来生活和职业发展奠定坚实的基础。

让我们通过一个案例来深入了解这一核心目标。在某小学的科学课堂上，学生们正在进行一项关于植物生长的实验。他们被分成几个小组，每组负责种植一种不同的植物，并记录下植物的生长情况。这个实验不仅要求学生动手操作，更需要他们细心观察、记录和分析数据。在实验过程中，学生们展现出了积极的动手能力和观察能力。他们认真照料植物，仔细观察植物的生长变化，并及时记录下来。通过这种方式，学生们学会了如何观察自然现象，并从中发现问题。除了观察能力，学生们在实验中还锻炼了自己的分析能力。他们学会了如何处理和解读数据，利用数据来分析植物生长的情况。在这个过程中，学生们逐渐形成了批判性思维，学会了如何分析问题并得出结论。

此外，小学科学教育还注重培养学生的推理能力。在科学探究中，学生们需要学会如何根据事实和证据进行推理，从而得出科学的结论。例如，在上述实验中，学生们可能会发现不同植物的生长速度不同。通过推理，他们可以得出哪种植物更适合在哪些特定环境下生长的结论。

最后，小学科学教育强调培养学生的交流能力。在实验过程中，学生们需要与同伴合作、交流和分享自己的观察和发现。通过这种方式，学生们不仅提高了自己的表达能力，还学会了如何倾听他人意见并尊重他人的观点。

（三）培养学生的社会责任感

在当今社会，人们对环境的关注度日益提高，对可持续发展的呼声也越来越强烈。小学科学教育作为学生接触科学知识的启蒙阶段，不仅教授学生科学知识，还承担着培养学生社会责任感和环保意识的重要任务。

首先，小学科学教育通过引导学生关注社会问题，培养学生的社会责任感。例如，教师可以安排学生进行现场调研，让他们直观地了解当地存在的环境问题，诸如污染状况、资源利用效率低下等。通过让学生直接面对这些问题，激发他们的责任感和解决问题的意愿。

例如，某小学的科学小组在教师的带领下，对学校附近的河流进行了实地考察。他们发现河流受到严重污染，水体浑浊，漂浮着垃圾。回到学校后，学生们自发组织起来，利用所学知识，设计了一个小型污水处理装置模型。他们还向当地社区居民宣传环保知识，呼吁大家共同保护水资源。

其次，小学科学教育强调科学与社会、环境的联系，培养学生的环保意识。教师可以通过开展各种教学活动，让学生认识到人类活动对环境的影响，以及环境保护的重要性。例如，教师可以组织学生参与地球日的宣传活动，让学生了解地球资源的有限性，以及人类活动对地球的影响。

二、小学科学教育的具体任务

（一）构建科学知识体系

小学科学教育需要帮助学生构建基础的科学知识体系，包括物质科学、生命科学、地球与宇宙科学等领域的基本知识①。通过系统的科学

---

① 周玉华．基于 STEM 理念的小学科学课程开发研究［D］．武汉：华中科技大学，2018.

学习，学生可以掌握科学的基本概念、原理和规律，为未来的学习和生活打下基础。

首先，物质科学是小学科学教育的重要组成部分。这一领域涵盖了物理、化学和材料科学等方面的知识。通过学习，学生能够掌握物质的基础特性、变化规律以及不同物质之间的相互联系。例如，在学习物质的变化时，学生可以了解到物质的三态、化学反应等现象，并掌握相关的基本概念和原理。

其次，生命科学也是小学科学教育的重要领域之一。在这一领域中，学生可以初步了解生命的奥秘和生物体的基本特征。例如，在学习植物的生长时，学生可以观察到植物从种子发芽到生长的过程，了解植物的光合作用、生长条件等基本知识。这类学习不仅有助于学生理解生命的奥秘和过程，还能激发他们珍爱生命和保护生态环境的责任感。

此外，地球与宇宙科学也是小学科学教育的重要内容之一。在这一领域中，学生可以了解地球的结构、地貌特征、气候变化等知识，以及太阳系、宇宙等方面的基本概念。例如，在学习地球的结构时，学生可以通过模型或图片了解地球的内部结构和各层的特点，掌握地壳、地幔、地核等基本概念。

科学知识体系的构建并非仅仅是将知识灌输给学生，更重要的是引导他们积极地进行科学探究，自主地发现和理解各种科学现象。例如，在学习光的折射时，教师可以引导学生观察生活中的光现象，如彩虹的形成、放大镜的使用等，并设计实验来验证光的折射原理。学生通过这样的学习，不仅能够深入理解光的折射原理，还能够激发对科学的热爱和求知欲。

（二）培养科学探究能力

在当今快速发展的科技时代，培养学生的科学探究能力显得尤为重要[1]。小学科学教育作为学生接触科学的启蒙阶段，肩负着引导学生主

---

① 王岚. 利用生物科学史组织探究教学的教学模式研究 [D]. 南京：南京师范大学, 2007.

动探索、发现科学规律的重要任务。科学探究能力是指学生具备运用科学思维和方法，通过实地观察、实验操作、逻辑推理等手段，深入探索科学现象、揭示科学规律，并有效解决问题的能力。这种能力的培养需要教师在教学过程中注重学生的探究学习，引导学生主动参与科学探究的过程。

例如，在学习植物的生长时，教师可以设计一个探究实验，让学生自己设计实验方案，观察不同条件下植物的生长情况。学生需要经过提出问题、制定计划、进行实验、收集数据、分析结果等步骤。在这个过程中，学生不仅了解了植物生长的基本知识，还学会了如何进行科学探究。

为了培养学生的科学探究能力，教师可以采取多种教学方式。首先，教师可以安排小组研讨活动，鼓励学生主动提出问题与假设，并积极与组内同学进行分享与探讨。其次，教师可以引导学生进行实验设计和操作，让学生自己动手进行实验，收集数据并分析结果。此外，教师还可以利用现代科技手段，如虚拟实验室、数字传感器等，帮助学生更好地进行科学探究。

提升学生的科学探究能力不仅能够增强学生的科学素质，同时也对提升他们的综合素养，促进他们的全面发展产生积极的作用。通过科学探究，学生可以培养出批判性思维、创新能力和解决问题的能力，这些能力在未来的学习和职业生涯中都是非常重要的。

（三）培养科学精神与态度

在科学教育的整体框架中，培养学生的科学精神与态度是至关重要的。这不仅关乎学生对科学知识的掌握，更涉及他们个人品质的塑造和价值观的形成。

首先，求真务实是科学精神的核心。在科学探究过程中，学生需要以事实为依据，通过观察、实验和分析得出结论。这要求他们具备客观、严谨的态度，不轻易相信未经证实的言论或观点。例如，当学生进行实验时，教师需要指导他们如何正确地操作实验、如何准确地记录数据，并鼓励他们对实验结果进行真实的描述和分析。通过这样的训练，学生可以逐渐形成求真务实的科学态度。

其次，勇于创新也是科学精神的重要组成部分。在科学探究中，学生常常需要面对未知的领域和复杂的问题。这需要他们敢于挑战传统观念，尝试新的方法和思路。例如，在学习物质的变化时，教师可以引导学生探索不同物质变化的现象，鼓励他们提出自己的假设并进行实验验证。这样的学习过程可以激发学生的创新精神，培养他们独立思考和解决问题的能力。

此外，善于合作也是科学精神中不可或缺的一部分。在科学探究中，学生往往需要与其他同学合作完成实验或项目。这要求他们具备团队协作精神、沟通能力和领导力等方面的能力。例如，教师可以组织学生进行小组探究活动，让学生分担不同的任务和角色，共同完成探究目标。通过这样的学习过程，学生可以学会如何与他人合作、如何协调团队成员之间的关系，从而培养出良好的团队协作能力。

（四）拓展科学视野

进入 21 世纪以来，科技以前所未有的速度发展，给人类社会和自然环境带来了深远的变革和影响。小学科学教育作为学生接触科学知识的起点，有责任引导学生关注前沿科学和科技发展动态，拓展他们的科学视野。

首先，引导学生关注前沿科学是拓展科学视野的重要方面。前沿科学涵盖了最新的科研成果、技术突破和未来发展趋势。通过了解前沿科学，学生可以接触到最新的科技动态，激发他们的好奇心和探索欲望。例如，教师可以组织学生参加科技展览、参观科研机构或与专家进行交流，让学生亲身体验前沿科技的魅力。

其次，了解科学技术对社会和环境的影响也是拓展科学视野的重要内容。科学技术在给人类带来便利的同时，也带来了一些负面影响，如环境污染、资源过度消耗等。① 通过引导学生分析这些问题，可以培养他们的科技责任意识，帮助他们学会合理利用科技，为人类和地球的可持续发展贡献力量。

为了拓展学生的科学视野，教师可以采取多种教学策略。例如，教师可以利用多媒体资源，如科普影片、纪录片等，向学生展示科技发展的动态和前沿成果。此外，教师还可以引导学生参与科技创新项目，如机器人制作、3D 打印等，让学生亲自动手实践，培养他们的创新能力和实践能力。

拓展科学视野不仅有助于学生更好地理解和应用科学知识，还能培养他们的科技意识和创新能力。通过了解前沿科学和科技发展动态，学生可以更好地把握未来科技发展的趋势和方向，为未来的科技发展和创新做出贡献。

（五）整合跨学科知识

在当今的教育环境中，跨学科整合已成为提高学生综合素质的重要手段。小学科学教育是学生科学素养的基石，与其他学科有着密切的联系。通过跨学科知识的融合，学生能够更加深入地理解科学知识的内涵，进而提升他们综合运用所学知识解决实际问题的能力。

首先，数学是科学探究的基础工具。在科学实验中，学生需要运用数学技能进行数据的收集、整理、分析和建模。例如，在学习物质变化时，学生需要使用数学图表来表示物质质量的变化。学生在这种学习模式下，不仅能够更加深入地掌握数学知识，还能够培养运用数学原理解决实际问题的实践能力。

---

① 张天阔．"美丽中国"视阈下大学生生态文明教育研究［D］．哈尔滨：东北农业大学，2016.

其次，语文学科为学生提供了语言和文字表达的技能。在科学探究过程中，学生需要用清晰的语言描述实验过程、结果和结论。此外，阅读科学文献和科技文章也是获取科学知识的重要途径。通过语文学科的学习，学生可以培养出良好的语言表达能力和阅读理解能力，为科学探究提供有力的支持。

此外，艺术学科（如美术、音乐等）能够培养学生的创造力和想象力。在科学探究中，创新思维和想象力是至关重要的。通过艺术学科的学习，学生可以激发创造力和想象力，为科学探究提供新的思路和方法。例如，当学生学习地球构造时，他们可以借助美术技能来绘制地球的构造示意图，从而更加直观地理解地球的构造。

为了实现跨学科知识的整合，教师可以采取多种教学策略。例如，教师可以组织跨学科学习，让学生围绕一个主题进行探究，综合运用不同学科的知识解决问题。此外，教师还可以利用科技手段，如虚拟现实、增强现实等技术为学生提供沉浸式学习体验，促进跨学科知识的整合。

第三节　小学科学教育面临的挑战与困境

小学科学教育，作为基础教育体系中不可或缺的一环，其深远的目标和丰富的意义已经得到了社会各界的广泛认可。然而，在实际的教学实践中，小学科学教育仍然面临着诸多挑战与困境，这些难题不仅影响了教学质量，也制约了学科的持续发展。

本节内容将对小学科学教育所遇到的挑战与困境进行详尽的剖析和探讨，旨在深入揭示其背后的原因和影响，以期为小学科学教育的改革与发展提供有益的参考和启示。挑战主要指教育实施过程中的各种不利因素或需要克服的难题；而困境主要指教学过程中遇到的具体问题和困难。

一、当前小学科学教育面临的挑战

（一）教育理念相对落后

教育理念相对落后是当前小学科学教育面临的主要挑战之一。在传统应试教育观念的影响下，部分学校和教师过于注重知识传授和应试成绩，而忽视了对学生的主体地位和探究精神的培养。[①] 这种教育理念导致学生在学习过程中缺乏主动性和创造性，难以培养出具有创新精神和实践能力的人才。

例如，某小学在科学教育中，教师常常采用"灌输式"的教学方法，将知识一股脑地灌输给学生，不注重引导学生进行探究和实践。这样的教学方式不仅使学生难以真正理解科学知识，还限制了他们的思维和创新能力的发展。

此外，部分学校和教师对科学课程的重视程度不足，导致科学教育在课程设置、教材内容、教学方法等方面存在诸多问题。例如，一些学校的科学课程被边缘化，课时安排不足，教学资源匮乏；教材内容过于陈旧，与现实生活脱节；教学方法单一，缺乏创新性和趣味性等。以上问题严重影响了科学教育的质量和效果，不利于培养学生的科学素养和综合能力。

针对这些挑战，需要从教育理念、教学手段以及教学资源等多个层面进行深入的改革与创新。首先，学校和教师要转变教育观念，注重对学生的主体地位和探究精神的培养，将科学教育从知识传授转变为能力培养。其次，教学方法的创新也至关重要，我们应该运用丰富多样、富有趣味性的教学手段，以有效激发学生的学习热情和探索精神。同时，

---

① 盛晨淼. 小学科学教育的现状、问题及对策研究［D］. 长春：吉林外国语大学，2024.

要加强科学教育的资源建设，提供丰富的教学资源和实验设备，为学生的科学探究活动提供有力支持。

除此之外，加强家校合作和社会支持也是推动小学科学教育发展的重要途径。学校可以通过家长会、开放日等活动，与家长沟通交流，争取家长对科学教育的理解和支持。与此同时，我们还应该主动寻求社会各界的支持和资源投入，共同为小学科学教育的发展营造更加优越的社会氛围。

（二）教材内容更新缓慢

小学科学教材作为科学教育的基石，应当紧随科技发展的步伐，为学生提供最新、最贴近现实的科学知识。然而，现实中我们不难发现，部分小学科学教材的内容更新明显滞后，与日新月异的科技世界形成了鲜明的对比。

以某小学使用的科学教材为例，其中介绍的某些科学实验和技术，在现实中已经发生了翻天覆地的变化。比如，教材中可能还在详细讲解传统的电话通信原理，而现实中，学生们早已习惯了使用智能手机和各种社交软件进行即时通信。这种明显的时代落差，不仅让学生感到困惑，也在无形中加大了他们理解科学知识的难度。

除了内容陈旧外，部分教材还存在与现实生活脱节的问题。科学本身就是一门源于生活、服务于生活的学科，但一些教材过于注重理论知识的传授，而忽略了科学知识与现实生活的紧密联系。这种脱节的教学方式，很容易让学生产生"科学无用"的错觉，从而失去对科学学习的兴趣和动力。

为了应对这一挑战，我们必须从源头上对小学科学教材进行大刀阔斧的改革。首先，要缩短教材的编写周期，确保教材内容能够及时反映最新的科技成果和动态。其次，要增强教材的实用性和生活化元素，让学生在学习过程中能够深刻感受到科学的魅力和价值。比如，可以通过引入现实生活中的案例、设计贴近学生生活的实验等方式，来激发学生的学习兴趣和探究欲望。

同时，教育部门和相关机构也应加大对小学科学教材编写和更新的支持力度，提供必要的资金和资源保障。只有这样，我们才能确保小学科学教材真正成为培养学生科学素养和创新能力的有力工具。

（三）实验条件有限

在小学科学教育中，实验教学是培养学生实践技能和科学思维的重要环节，具有不可替代的重要作用。然而，现实中不少学校，尤其是偏远或资源匮乏的地区，面临着实验条件严重受限的问题，这已成为制约科学教育质量的一大瓶颈。[1][2]

在某偏远地区的一所小学，科学课程的实验教学环节因为缺乏必要的实验设备和材料而难以开展。学生们只能通过教师的口头描述和书本上的图片来了解实验过程和结果，这无疑增加了他们理解科学知识的难度。

除了设备材料的匮乏，部分学校的实验条件还受到其他因素的制约。比如，一些学校的实验室空间狭小，无法满足所有学生同时进行实验的需求；有的学校实验设备陈旧，甚至存在安全隐患，这不仅影响了实验效果，还可能对学生的安全造成威胁。

实验条件的限制不仅影响了学生的学习效果，更重要的是，它可能会浇灭学生对科学的好奇心和探索欲望。当学生们无法亲自动手进行实验，无法通过实践来验证科学原理时，他们可能会觉得科学变得遥不可及，从而失去对科学的兴趣。

为了改善这种情况，教育部门和学校需要共同努力，加大对小学科学教育的投入，尤其是在实验设备和材料方面的投入。同时，还需要加

① 方琨. 小学科学课程实施的阻力及其应对［J］. 教学与管理，2019（21）：113-116.
② 雷道兵. 小学科学教学中存在的问题及应对［J］. 新课程研究，2023（28）：69-71.

强对实验室的建设和管理，确保实验设备的安全和有效使用。只有这样，才能为学生们创造更好的实验条件，让他们在实践中感受科学的魅力，真正爱上科学。

（四）教师间专业素养差异显著

小学科学教育对于提升学生的科学素养起着至关重要的作用，而教师专业素养的高低则直接决定了教学效果的优劣。然而，当前小学科学教师队伍中专业素养参差不齐的问题不容忽视，这在一定程度上制约了科学教育的有效实施。[①]

以某小学的一位科学教师为例，尽管其具备教育热情，但由于专业背景与科学教育不完全契合，导致在传授科学知识时偶尔出现误差，教学方法也显得不够得心应手。此种现象不仅会对学生的学习成效产生负面影响，更有可能导致学生形成错误的科学观念。

事实上，类似的情况在不少学校都有出现。由于小学科学教育师资培养的不足和资源配置的不均衡，部分学校的科学教师并不具备深厚的科学背景和丰富的教学经验。这使得他们在面对科学教育的挑战时，往往感到力不从心，难以为学生提供高质量的科学教育。

除了专业知识的欠缺，一些教师的教育理念和教学方法也相对陈旧，师资老化现象严重。[②]他们过分注重对知识的传授和应试技巧的训练，而忽视了对学生探究精神、创新思维和实践能力的培养。这种偏颇的教学方法不仅剥夺了学生探索科学的乐趣，还可能抑制学生的创造力和发展潜力。

此外，师资队伍的不稳定性也是影响小学科学教育质量的重要因素。一些学校因师资力量不足，只能依靠临时教师或兼职教师来应对教学需求。这些教师往往流动性较大，缺乏长期投入和科学教育的专业背

---

① 方琨. 小学科学课程实施的阻力及其应对［J］. 教学与管理，2019（21）：113-116.
② 雷道兵. 小学科学教学中存在的问题及应对［J］. 新课程研究，2023（28）：69-71.

景，难以为学生提供连贯、系统的科学教育。

针对上述问题，我们亟须加强对小学科学教师的专业培训和职前教育，提高他们的科学素养和教学能力。同时，还应优化师资配置，确保每所学校都能拥有稳定、专业的科学教师队伍。只有这样，我们才能为小学生提供高质量的科学教育，培养他们的科学素养和创新能力。

（五）教育资源分布不均

在当今社会，教育资源分布的不均衡问题日益凸显，尤其在小学科学教育领域更为显著。这种不均衡不仅体现在城乡之间，还广泛存在于不同地区之间，严重影响了教育的公平性和质量的提升。[①]

以某大城市的一所中心小学为例，该校配备了先进的科学实验室、丰富的教育图书和一支高素质的教师队伍。学生们能够享受到多样化的科学教育，包括定期的科学竞赛、实践活动等，这些都为他们的全面发展提供了有力支持。然而，当我们将视线转向同市的郊区小学时，却会发现截然不同的景象。那里的小学往往缺乏基本的科学实验设备和教学资源，教师队伍也可能存在专业素养不足的问题。由于种种条件的限制，这些学校的科学教育往往只能停留在理论层面，学生们鲜有机会进行实践操作和科学探究。

这种城乡差距、地区差距在我国并非孤例，特别是在一些经济相对落后的贫困地区和农村地区，小学科学教育所面临的困境更为严峻。教育资源的稀缺与分配不均在某些地区造成了学校难以给学生提供高水准的科学教育的困境。这不仅影响了学生的学习效果和未来发展，还可能加剧社会的不公平现象，使部分学生在科学素养的竞争中处于不利地位。

教育资源的不均衡分配不仅对学生的学业成果产生消极影响，还有

① 张婷，张传军. 乡村小学教育资源配置问题与对策建议：以 G 省为例 [J]. 天津师范大学学报（社会科学版），2024（03）：118-125.

可能进一步加剧社会的不平等问题。在优质教育资源有限的情况下，一些家庭条件较好的学生可能通过课外辅导、参加培训班等方式来提升科学素养，而贫困地区的学生则可能因此失去公平竞争的机会。这种资源的不均衡分布严重制约了小学科学教育的整体发展。

（六）有待完善的评价体系

在当前的小学科学教育中，评价体系的问题不容忽视，其中最显著的就是过度强调学生的应试成绩，而对科学素养和创新能力的评价则相对缺乏。这种不完善的评价体系在一定程度上扭曲了教学的初衷，使得教师和学生都过于追求分数，从而忽略了科学教育的本质目标。①

以应试为导向的评价体系，往往导致学生将过多的精力放在考试成绩上，而忽视了对科学探究过程的深入参与和真实体验。例如，有些学生对实验和探究活动充满热情，但由于当前的评价体系未能充分肯定这些实际探究活动的价值，这些学生可能无法得到应有的认可和鼓励。长此以往，这无疑会削弱学生对科学探究的兴趣，进而影响到他们科学素养的培养和提升。

此外，现有的评价体系在评估学生的创新能力方面也存在明显不足。科学探究和创新思维密不可分，然而在当前的评价体系下，学生的创新思维和解决问题的能力往往被忽视。评价体系更多地关注学生对知识的记忆和应试技巧，而不是他们在面对问题时能否展现出独特的思考和解决方案。这种评价方式可能会抑制学生的创新意识，使他们在未来的科技发展中难以适应和立足。

综上所述，为了更全面地评价学生的科学素养和创新能力，我们迫切需要对现有的评价体系进行改革和完善。除了考试成绩外，还应注重对学生科学探究精神、创新思维和解决问题的能力的评估。只有这样，

---

① 谈梅芬，勇辉. 科学家精神观照下的小学科学课程校本化实施：以宜兴市湖滨实验学校的实践为例［J］. 江苏教育研究，2024（05）：112-116.

我们才能更准确地衡量学生的科学教育成果，为他们的全面发展提供更有力的支持。

二、小学科学教育面临的困境

（一）学科地位边缘化

在当前应试教育的背景下，小学科学教育往往在学校学科体系中处于边缘化的尴尬境地，这无疑是一个亟待解决的重要问题。为了追求更高的升学率，一些学校往往将大部分资源和精力聚焦于语文、数学等传统主科，而小学科学教育则相对被边缘化。

从资源分配的角度来看，一些学校在科学教育方面的投入明显捉襟见肘。科学实验室的设备普遍陈旧落后，缺乏必要的更新与维护，这与主科所享有的优厚条件形成了鲜明的对比。此外，在招聘教师时，学校也往往更倾向于主科教师，这导致科学教育的师资力量相对薄弱，难以为学生提供高质量的教学服务。

在教学安排方面，科学课程的课时也经常被其他主科所挤占。尤其是在临近考试的关键时期，为了给主科腾出更多的复习时间，科学课往往被迫停课或缩短课时。这导致学生缺乏足够的时间进行科学探究和实验，严重影响了他们对科学知识的深入理解和实践能力的培养。

除了学校方面的因素外，社会和家庭对小学科学教育的认知也存在一定的偏见。一些家长认为科学是副科，不如数学、语文等主科重要，因此对孩子的科学教育缺乏足够的重视和支持。这种观念进一步加剧了小学科学教育在学校中的地位下降，形成了恶性循环。

（二）学生兴趣的缺失

在当前小学科学教育的现实中，学生兴趣的不足已成为一个显著且亟待解决的问题。这一现象的背后，隐藏着多重复杂的原因。

首要的原因之一便是教学方法的单一性。许多教师仍然固守传统的讲授式教学，缺乏创新和变革。这种模式下的学生通常只是被动地接受知识，而无法主动地参与科学探究。这种枯燥无味的学习方式自然难以激发学生的兴趣和热情。

其次，教材内容与实际生活的脱节也是导致学生兴趣缺失的重要因素。有些教材过于强调理论知识的灌输，却忽略了科学知识在现实生活中的应用。由于科学教育与实际应用的脱节，学生往往难以体会到科学知识的实用价值和趣味性，进而削弱了他们的学习积极性。

例如，在某小学的科学课堂上，教师虽然使用了教科书和简单的实验器材进行教学，但由于实验器材的局限性和教材内容的理论化，学生无法深入地探究科学的奥秘。他们只能浅尝辄止地接触一些表面的科学知识，而无法真正体验到科学探究的乐趣。

此外，学生个体的差异也会对兴趣产生影响。不同的学生有着不同的认知水平和兴趣爱好，一些学生可能对科学课程不感兴趣或感到困难。他们可能更倾向于追求其他学科或活动，对科学探究缺乏内在的动力和积极性。

（三）教师教学压力沉重

在小学科学教育的现实中，教师教学压力大已经成为一个日益凸显的问题。由于多重教学任务和角色的叠加，科学教师们往往承受着巨大的工作压力，这不仅对教学质量产生了不良影响，还严重制约了他们的职业发展。

以某小学的王老师为例，他不仅要承担科学课程的教学任务，还要兼任其他学科的教学和班主任工作。这种多重角色的承担使得他在备课、教学和班级管理等方面都面临着极大的挑战。由于时间和精力有限，他往往无法充分准备科学课程的教学内容，导致课堂教学效果不佳。

在繁重的教学任务下，教师们普遍感到压力和焦虑。他们可能没有足够的时间和精力去深入研究教学方法和策略，也无法及时参加专业培训和研讨活动来提升自己的教育教学水平。这种情况不仅影响了教师的教学质量，还对他们的职业发展造成了严重的困扰。

除了教学任务繁重外，科学教师们还可能面临其他方面的压力。例如，一些学校对科学教育的重视程度不够，导致科学教师在学校中的地位和待遇相对较低。这种情况无疑会削弱教师们对科学教育的热情和投入度，进一步加剧教学质量的问题。

（四）家校合作尚待加强

在当前的教育背景下，小学科学教育面临着家校合作不够紧密的挑战。尽管科学教育需要家庭、学校和社会三方共同参与，但现实中，家长对科学教育的重视程度往往不如其他主科，这在一定程度上影响了科学教育的实施效果。

以某小学三年级的小健为例，他的父母对他的数学和语文成绩非常关注，甚至为他报名参加了各种补习班。然而，对于科学这门学科，他们却显得相对冷淡。他们认为科学是副科，对小健未来的升学和就业影响不大，因此没有必要在这上面花费太多时间和精力。这种态度导致家校之间在科学教育上的沟通变得有限，小健在学校所学的科学知识也无法得到有效的巩固和应用。

除了对科学教育的重视程度不足外，一些家长还存在对科学教育的误解。他们认为科学教育就是简单地记忆科学知识，而忽视了科学探究和实践的重要性。这种误解使得家长在指导孩子学习科学时方法不当，目标不明确，使家校无法紧密合作。

（五）社会环境缺乏足够支持

在当今社会中，小学科学教育的发展面临着一个困境：社会环境的支持不足。尽管培养学生的科学素养和创新精神至关重要，但小学科学教育在实际社会环境中却往往遭受冷遇。

众多企业和机构在投资教育时，更倾向于选择高等教育或专业培训领域。这些领域因其直接的经济效益和短期回报而备受青睐。相比之下，小学科学教育，由于其成果的长期性和难以量化的特点，往往难以吸引足够的关注和投资。

以某知名科技公司为例，该公司每年在研发和新产品开发上投入巨额资金，但对于当地的小学科学教育却几乎没有任何实质性的支持。这种现象并非孤例，而是反映了当前社会环境对小学科学教育的态度。

除此之外，社会上还存在一种误解，即认为小学科学教育仅仅是学校和教师的责任。这种观念忽略了社会环境和家庭在科学教育中的重要作用，导致社会各界对小学科学教育的参与度和投入度不足。这不仅加剧了小学科学教育在社会环境中的边缘化，也制约了其健康发展。

第三章

小学科学教材概述

第一节　小学科学教材的定义与功能

在科学教育的启蒙阶段，小学科学教育扮演着至关重要的角色。它不仅承载着培育学生科学素养的使命，更致力于激发学生的探索精神和创新能力，为他们未来的科学学习和研究奠定坚实的基础。其中，小学科学教材作为教育过程中的关键组成部分，其地位和作用更是不可忽视。

小学科学教材作为教育教学的重要载体，其内容丰富多样，既包含基础的科学知识，又融入了趣味性的实验和活动，旨在通过寓教于乐的方式，引导学生主动探索科学的奥秘。同时，教材还注重培养学生的观察能力、实验能力和思维能力，为他们日后深入学习科学知识和技能打下坚实的基础。

因此，对小学科学教材进行深入分析具有重要的现实意义。本章首先将从定义与功能两个维度出发，对小学科学教材进行系统的探讨，然后分析了小学科学教材的特点与编写原则，以期为教育工作者提供新的视角和参考，进一步推动小学科学教育的发展。

一、小学科学教材的定义

（一）教材的基本含义

在广义的教育语境中，教材被视为教学活动的基石和灵魂，是知识传递、技能培养和价值观塑造的关键媒介。它不仅是一本书或一堆纸张的简单集合，而是一个经过精心设计的教育系统。这个系统根据国家的教育目标、教学大纲以及学生的认知发展阶段而构建，旨在通过系统的知识呈现、技能训练和价值观的引导，帮助学生逐步建立起对科学学科的全面理解。

小学科学课程曾一度称为《自然》，2001年开始更名为《科学》。这一名称不仅扩展了教学内容，而且还将科学探究的方法和过程包含其中，丰富了课程的内涵与价值。[①]小学科学教材，在教育体系中占据着举足轻重的地位，它是根据小学生的认知特点和学习需求精心设计的。它充分考虑到小学阶段的认知特点和发展规律，采用图文并茂、生动有趣的方式呈现科学知识，旨在激发学生对科学的兴趣和好奇心。同时，这些教材还注重实验、观察等实践性活动的设计，让学生在亲自动手的过程中感受科学的魅力，培养他们的科学探究能力。

小学科学教材不仅致力于传授科学知识，还强调科学精神、科学态度和科学方法的传授与培养。小学科学教材通过各种方式引导学生以科学的眼光看待世界，用科学的方法解决问题。[②]这种价值观的培养不仅对学生的学业发展有重要影响，更会对他们未来的生活和职业发展施加深远的影响。

---

① 潘洪建. 小学科学教材60年 [J]. 河北师范大学学报（教育科学版），2015，17（02）：29-34.

② 沈梦. 基于核心素养的小学科学单元教学设计研究 [D]. 南京：南京师范大学，2021.

二、小学科学教材的功能

（一）传授知识

小学科学教材之所以具有如此重要的地位，是因为它在培养学生科学素养、逻辑思维能力和问题解决能力方面发挥着基础性和先导性的关键作用。

小学科学教材在传授科学知识的过程中，扮演着举足轻重的角色。它根据明确的教育目标和学生的认知发展规律，系统性地展示科学知识的精华，帮助学生逐步构建起坚固而丰富的科学知识体系。教材在强调知识科学性和准确性的同时，更加注重知识间的内在联系和逻辑结构，使学生在掌握单个知识点的同时，能够形成对科学知识的整体认知。

通过小学科学教材的学习，学生们可以领略到生物、物理、化学等多个领域的科学魅力。他们不仅能够揭开自然界的神秘面纱，掌握基础的科学理论和概念，还能学会科学的探究方法和思维方式。这些知识不仅使学生具备用科学方法解释和指导日常生活的能力，还为他们日后的学术追求和职业发展奠定坚实的基础。

值得一提的是，小学科学教材在传授知识的过程中，特别注重对学生兴趣的培养和激发。教材通过设计富有趣味性的实验、讲述引人入胜的故事以及引入贴近学生生活的实例，将抽象的科学知识转化为形象生动的内容，使学生更易于理解和掌握。这种寓教于乐的方式不仅提高了学生的学习效率，还激发了他们对科学的热爱和追求，为他们的全面发展注入源源不断的动力。

（二）培养技能

小学科学教材不仅注重科学知识的传递，更致力于培养学生的实践技能。这些技能涵盖了动手、观察、推理和分析等多个方面，对学生的全面发展及未来成长具有不可或缺的作用。

　　首先，教材通过一系列精心策划的实验活动，为学生提供了难得的亲身实践经历。在实验环节中，学生不仅能够掌握各种实验工具的运用技巧，还能在教师的细致引导下自主完成实验步骤。这种实践经历不仅锻炼了学生的动手能力，更培养了他们的实验技能和实验素养，为日后更深入的科学探究奠定坚实基础。

　　其次，培养观察能力也是小学科学教材的重点之一。教材引导学生用心观察自然界和日常生活中的种种现象，从中发现科学问题、提出假设并进行验证。在观察过程中，学生需要运用自己的感官和思维去捕捉关键信息、分析现象背后的原因和规律。这种观察能力的训练不仅有助于提升学生的科学素养和探究能力，还能培养他们敏锐的观察力和细致入微的思考习惯。

　　此外，推理能力作为科学思维的核心，也是小学科学教材着重培养的技能之一。教材通过引导学生运用已学知识和经验去解释新现象，解决新问题，帮助他们逐步建立起科学的思维方式和推理框架。这种推理能力的培养不仅有助于提高学生的逻辑思维能力和问题解决能力，还能为他们未来的学习和创新提供有力保障。

　　除了上述技能外，小学科学教材还注重培养学生的分析能力。在科学研究中，分析能力是解决问题的关键。教材通过引导学生分析实验数据、观察结果等信息源，帮助他们深入了解科学现象的本质和规律。这种分析能力的培养不仅有助于提高学生的科学素养和探究能力，还能为他们未来的学习和职业发展提供重要支持。

　　值得一提的是，小学科学教材在培养学生技能方面采用了多样化的教学方法和活动设计。例如，通过小组合作实验、探究性学习等方式，鼓励学生在互动中相互学习、共同进步。这些富有创意的教学方法和活动不仅极大地激发了学生的学习热情和积极性，还对他们的技能提升起到了显著的促进作用。

（三）引领价值观

小学科学教材，除了传授基础的科学知识和培养实践技能外，更在深层次上肩负着引领学生价值观形成的重要使命。这种引领并非生硬的教条灌输，而是通过精心挑选和编排的教材内容，在学生的心灵深处悄然播下思想的种子。

首先，科学家的故事和科学史的发展是小学科学教材中不可或缺的内容。通过讲述那些为科学献身、追求真理的伟大人物的事迹，教材为学生们勾勒出一幅幅生动的科学画卷。这些故事不仅激发了学生对科学家的崇敬之情，更在他们心中播下了对科学事业的向往和追求的种子。同时，科学史的波澜壮阔也让学生深刻体会到科学知识的宝贵和来之不易，从而更加珍视和尊重现有的科学成果。

其次，小学科学教材注重呈现科学与社会的关系。通过将科学知识与社会热点、环境问题等紧密结合，教材引导学生将视野投向更广阔的社会领域。例如，关于环境保护、资源利用等内容的探讨，旨在培养学生的环保意识和可持续发展观念。这种引领不仅让学生认识到科学与社会、环境的紧密相连，更激发了他们为解决社会问题、保护地球家园贡献力量的决心和行动。

此外，教材中的科学家探究精神和创新精神也是引领学生价值观形成的重要元素。通过呈现科学家们在探索未知、攻坚克难过程中的坚韧与智慧，教材为学生们树立了勇于探索、不断创新的榜样。这些故事和案例不仅让学生感受到科学探究的魅力和乐趣，更在他们心中播下了对创新精神的追求和崇尚。

小学科学教材在塑造学生价值观的同时，尤其重视对他们批判性思维和独立思考能力的培养。教材鼓励学生保持对知识的质疑态度，勇于挑战权威，通过亲身实践和独立思考来验证科学知识的真实性和可靠性。这种培养方式不仅有助于提升学生的科学素养和探究能力，更有助于塑造他们独立、自主、有责任感的思想品格。

（四）促进跨学科学习

小学科学教材，作为培养学生科学素养的基石，不仅注重单一学科知识的传授，更强调与其他学科的交融与整合。这种整合策略，旨在为学生打造一个多元化、综合化的学习平台，进而提升其跨学科学习的能力与综合运用知识解决问题的技巧。

以生物学为例，小学科学教材在介绍生物世界时，可以巧妙地将文学元素融入其中。通过与语文学科的联动，教材引导学生阅读描绘生物的文学作品，从中感受生物的魅力与特性。这种跨学科的融合，不仅让生物学知识更加生动有趣，也培养了学生的文学鉴赏能力和跨学科思维。

在探讨地球与宇宙科学时，小学数学的测量与计算技能则发挥了重要作用。通过引入数学概念和方法，学生能够更精确地理解地球与宇宙的相关数据，如地球的大小、形状和运动轨迹，以及宇宙中星体的距离和速度等。通过此类整合，学生不仅能够更深入地了解科学知识，其数学应用能力和空间想象力也得到了有效的锻炼和提升。

此外，小学科学教材还致力于与其他多个学科进行深度融合，如物理与化学、自然与地理等。这种跨学科的学习模式有助于学生将不同学科的知识相互融合，从而构建起一个全面、连贯的知识框架。这一过程不仅增强了学生解决现实问题的能力，也为他们未来的学术和职业发展打下了坚实的基础。

需要特别注意的是，跨学科学习对于培养学生的创新思维和批判性思维也具有重要意义。在解决跨学科问题的过程中，学生需要灵活运用多个学科的知识和方法，这要求他们具备创新思维和批判性分析的能力。因此，这种学习方式不仅有助于提升学生的综合素养，还能够激发他们的创新思维和批判精神。

（五）培养自主学习能力

小学科学教材，作为科学教育的基石，不仅致力于传授基础的科学知识，更着眼于培育学生的自主学习能力。这种能力，如同为学生打开了一扇通向终身学习和自我成长的大门，对于他们适应日新月异的社会环境具有深远意义。

教材通过精心设计的探究活动，为学生提供了实践科学、探索未知的舞台。在这些活动中，学生的角色发生了转变，他们从被动的知识接收者变成了积极的知识探索者和建构者。他们需要思考、动手，与同伴合作，共同揭开科学现象的神秘面纱。这种学习方式的转变不仅增强了学生的实践技能，还极大地激发了他们独立思考和解决问题的潜力。

同时，教材通过精心设计的问题情境，鼓励学生自主发现问题、提出问题，并在探索过程中自主寻找解答。这些问题犹如科学的萌芽，深深植根于学生的心灵之中，不断激发他们的探索欲望和求知精神。在解决问题的过程中，学生不仅能够获取知识，更能深刻感受到科学探究带来的乐趣和成就感，这种独特的体验是任何形式的知识灌输都无法比拟的。

为了支持学生的自主学习，教材还提供了丰富的学习资源和学习工具。这些资源如同科学的百宝箱，为学生提供了探索科学世界的各种"法宝"。学生在使用这些资源的过程中，不仅提高了学习效率，还培养了信息素养和综合利用资源的能力。这些能力在当今这个信息时代尤为重要。

除此之外，教材还着重于培育学生的自我监控与自我评价能力，引导学生不仅要掌握学习方法，更要学会如何有效地管理自己的学习过程。通过对学习过程的反思和总结，学生可以及时发现自己的不足并寻求改进的方法。这种能力的培养有助于提高学生的元认知能力，使他们在未来的学习和生活中能够更好地规划和管理自己的时间和资源。

第二节 小学科学教材的特点和编写原则

小学科学教材，作为引导学生踏入科学殿堂的启蒙读物，其编写质量直接关乎学生的科学素养和对科学世界的认知。为确保教材的效用与价值，编写者需遵循一系列原则。

一、小学科学教材的特点

（一）基础性

小学科学教材，作为引导学生走进科学世界的启蒙读物，其基础性特点尤为突出。这一特点不仅贯穿于教材的知识筛选、结构编排，更体现在对学生基本科学素养的培育上。

1. 知识的基础性

小学科学教材精心挑选了自然科学领域中最基础、最关键、最普遍的知识内容。这些知识不仅构建了科学学科的基础框架，更是学生认识世界、解读现象的重要工具。

例如，教科版《科学》教材第五册第一单元"水"讲授关于物质的三态变化这一基础知识点，通过直观的图示和简洁的文字描述，使学生轻松理解固态、液态、气态的基本特性及其相互转化条件。同时，以水为例的实验活动，让学生在亲自动手的过程中深刻感受物质状态变化的奥妙，从而加深对这一知识点的理解。

2. 技能的基础性

除了知识内容的基础性外，小学科学教材还着重培养学生的基础技能。这些技能包括观察、实验、分析、推理等，是学生进行科学探究的基石。

例如，教科版《科学》教材第八册第一单元"植物的生长变化"中涉及植物的观察与记录的活动，学生需要定期观察植物的生长状况并做好记录。这一过程不仅锻炼了学生的观察力和记录能力，更让他们学会了如何科学地设计实验、如何准确地收集数据。这些技能的培养将为学生未来的科学学习和实践提供有力支持。

3. 思维的基础性

小学科学教材还非常注重培养学生的基础科学思维。这种思维以实证为基础，强调观察、实验与推理的有机结合。

例如，教科版《科学》第六册第三单元"太阳、地球和月球"中涉及月相的变化的探究活动，学生需要观察并记录月相的变化情况，并尝试分析其背后的原因。这一活动不仅让学生了解了月相变化的规律，更培养了他们以实证为依据的思维方式。通过观察、记录和分析数据，学生发现月相变化的周期性规律，并运用所学知识进行合理的解释和预测。这种思维方式的培养对于提升学生的科学素养和探究精神具有重要意义。

综上所述，小学科学教材的基础性特点体现在知识、技能和思维三个方面，这些基础性内容为学生未来的学习和生活提供了坚实支撑。同时，通过丰富多彩的案例和活动设计，学生能够更加深入地理解和掌握这些基础知识与基本技能，为他们的全面发展奠定坚实的基础。

（二）趣味性

小学科学教材在编制时应深刻考虑到小学生的认知特点与兴趣所在，巧妙地将趣味性元素融入其中。这种趣味性不仅体现在图文并茂的设计上，更贯穿于实验活动的安排和日常生活实例的引用，旨在激发学生对科学的浓厚兴趣，让他们在轻松愉快的氛围中开启科学探索之旅。

1. 插图的吸引力

小学科学教材往往以丰富多彩的插图为特色，这些插图色彩鲜艳，形象生动，极具视觉冲击力。

例如，教科版《科学》第二册第二单元"动物"中，教材展示了一幅幅栩栩如生的昆虫插图。这些插图细致入微地展现了昆虫独特的形态结构，如蝴蝶斑斓的翅膀、蜜蜂毛茸茸的身体等。学生们被这些生动逼真的插图深深吸引，纷纷凑上前仔细观察，甚至发出由衷的赞叹。这些插图不仅提升了教材的审美价值，更有效地激发了学生对昆虫世界的好奇心和探索欲望。

2. 实验的趣味性

实验不仅是小学科学教学中不可或缺的一环，更是展现教材趣味性和吸引力的关键所在。教材设计了一系列富有趣味性的实验活动，让学生亲自动手操作，观察实验现象，探究科学原理。

例如，苏教版《科学》第七册第三单元"常见的力"中涉及浮力的相关内容，我们可以指导学生利用手头易得的材料，动手制作一个模拟"潜水艇"的装置。学生们在制作过程中不仅锻炼了动手能力，还亲身体验了浮力原理的奥妙。当看到自己的"潜水艇"在水中上下浮动时，学生们脸上露出了惊喜和兴奋的表情。这类富有趣味性的实验设计不仅有助于学生更深入地理解科学原理，还能够有效锻炼他们的实践技能并激发他们的创新思维。

3. 例子的生活化

小学科学教材在引用例子时注重贴近学生的日常生活，使得科学知识变得更加亲切和实用。

例如，教科版《科学》第十册第一单元"植物与环境"中，我们可以通过本章内容给学生解释植物向光性的原理，通过引导学生观察家中或教室里的盆栽植物来发现这一现象。学生们表示，在日常生活中经常能看到植物的枝叶朝着阳光的方向生长，但从未深入思考过其中的原因。通过教材的解释和引导，学生们对植物向光性的原理有了更加清晰的认识，并意识到科学知识与日常生活息息相关。这种生活化的例子不仅增强了学生对科学知识的感悟能力，还培养了他们关注身边科学问题的意识和解决实际问题的能力。

综上所述,小学科学教材的趣味性特点主要体现在插图的吸引力、实验的趣味性和例子的生活化等方面。这些特点使得教材更加符合小学生的认知特点和学习需求,激发了他们对科学的浓厚兴趣,为培养他们的科学素养和探究精神奠定了坚实的基础。在未来的科学学习和探索道路上,学生们将更加自信、从容地面对各种挑战和机遇,享受科学带来的无尽乐趣和实用价值。

(三)探究性

小学科学教材不仅致力于科学知识的传递,更着重于引领学生进行科学探究。这一探究性特色贯穿于教材的始终,通过多样化的实验、细致的观察以及逻辑严密的推理,激发学生的探索欲望,引导他们自主揭示科学现象的奥秘,从而深入理解科学规律。这种学习方式对于培养学生的科学素养、探究精神以及学习兴趣和动力都至关重要。

1. 实验的引导性探索

小学科学教材中的实验设计往往以问题为导向,旨在引导学生通过亲身操作来探究科学现象和原理。这些实验不仅富有趣味性,更重要的是它们能够让学生在动手操作的过程中,主动思考、发现问题并寻求答案。

例如,在教科版《科学》第十册第一单元"植物与环境"中,我们可以设计一个探索植物吸水能力的实验,学生将相同的植物插入不同颜色的水中,观察植物茎部的颜色变化。这一实验不仅引发了学生的极大兴趣,还引导他们深入思考植物的吸水原理和运输机制。借助这样的实验,学生不仅能够更加深入地理解植物的吸水过程,同时还能够提升他们的观察力和实验技能。

2. 观察的目的性发现

作为科学探究的关键环节,观察在小学科学教材中扮演着举足轻重的角色。教材注重培养学生的观察能力，引导他们通过有目的性、有指向性的观察来发现科学现象和规律。

例如，在教科版《科学》第六册第二单元"动物的一生"中，会设计昆虫变态发育的观察活动，学生定期记录蚕的生长变化，从而直观了解蚕的发育过程，并深刻认识变态发育的科学概念。这种观察活动不仅提升了学生的观察力和记录能力，还激发了他们对生物世界的好奇心和探究欲望。

3. 推理的逻辑性挖掘

小学科学教材还注重培养学生的推理能力。通过引导学生根据已知事实和科学原理进行逻辑推理，让他们能够自主发现新的科学规律和现象。

例如，在教科版《科学》第八册第二单元"电路"中，会涉及探究电路组成和工作原理的活动，学生观察电路元件和连接方式，推理电流在电路中的流动路径。他们运用所学知识设计电路图并动手搭建实物电路，通过观察和测试验证推理结果。这一过程不仅让学生了解了电路的组成和工作原理，还对科学探究方法有了更深入的理解。此类推理活动不仅有助于提升学生的逻辑思维和问题解决能力，更能激发他们对科学技术的热情和兴趣。

综上所述，小学科学教材的探究性特色主要体现在实验的引导性探索、观察的目的性发现以及推理的逻辑性挖掘等方面。这些特色使得教材更加符合小学生的认知特点和学习需求，有效培养了他们的科学素养和探究精神。同时，这种探究性学习方式也让学生更加主动地参与科学学习，深刻体验到了科学探究的乐趣和意义。

（四）整合性

小学科学教材在编制过程中，强调与其他学科的深度融合，旨在为学生构建一个跨学科的学习平台。这种整合性不仅贯穿于教材内容的选择与编排，还体现在教学方法和学习活动的创新设计上。通过与数学、语文、艺术等学科的有机结合，小学科学教材为学生打造了一个更加丰富多彩、立体化的学习体验，有力提升了他们的综合素养，培养了跨学科解决问题的能力。

1. 与数学的整合

小学科学教材在与数学的整合中，巧妙地融入了测量、数据分析、图形表示等数学元素。这种整合不仅提升了科学学习的精确性和逻辑性，也强化了学生的数学应用能力。

例如，在教科版《科学》第一册第二单元"比较和测量"中会涉及测量物体的长度这一科学活动，教师不仅指导学生使用尺子进行实际测量，还引导他们理解测量单位的概念、掌握单位换算的方法。学生们通过亲身实践，不仅锻炼了测量技能，还深刻体会到了数学在科学探究中的重要作用。这种跨学科的整合学习，不仅增强了学生对科学知识和数学技能的理解和掌握，也有效提升了他们的实践能力和创新思维。

2. 与语文的整合

在与语文的整合中，小学科学教材注重通过阅读、写作、表达等语文活动来加深学生对科学知识的理解和应用。这种整合不仅提升了学生的科学素养，也丰富了他们的语言表达能力和文学创作能力。

例如，在苏教版《科学》教材中，从一年级到六年级，教材的最后几乎都有"像科学家那样"的专项学习，在该专项学习中我们可以设计"编写科学小故事"的活动，这一活动鼓励学生选择自己感兴趣的动物作为主角，创作富有想象力和科学性的故事。学生们在创作过程中，不仅需要对动物的生活习性、形态特征等进行深入了解，还需要运用语文知识和写作技巧来构思情节、塑造角色。这种跨学科的整合学习，不仅激发了学生对科学的兴趣和热爱，也有效提升了他们的语文素养和创作能力。

3. 与艺术的整合

小学科学教材在与艺术的整合中，大胆尝试将美术、音乐、戏剧等艺术元素融入科学学习之中。这种整合不仅为科学学习增添了趣味性和美感，也激发了学生的创造力和审美鉴赏能力。

例如，在苏教版《科学》第十二册第二单元"生物和栖息地"中涉及了制作生态瓶的活动，在该活动中可以将科学与艺术进行完美的有机融合。学生们在了解生态系统的基本组成和平衡原理的基础上，发挥自己的想象力和创造力，制作出各具特色的生态瓶。他们运用美术知识来设计瓶子的外观、选择色彩和装饰材料；同时，还需要考虑生态系统的平衡性和可持续性。这种跨学科的整合学习，不仅让学生对生态系统有了更深刻的理解，也有效提升了他们的艺术素养和创新能力。

综上所述，小学科学教材的整合性特色体现在与数学、语文、艺术等学科的深度融合上。这种整合不仅丰富了科学学习的内容和形式，也有效提升了学生的综合素养和跨学科解决问题的能力。通过与这些学科的协同整合、互补整合和创新整合，小学科学教材为学生构建了一个更加开放、多元、立体的学习平台，有力促进了他们的全面发展。

二、小学科学教材的编写原则

（一）科学性原则

小学科学教材的编纂无疑是教育领域中一项至关重要的任务，它承担着引领学生迈入科学殿堂、孕育学生科学素养的重要职责。而在这一过程中，科学性原则无疑是教材编写的首要原则，它确保了教材内容的准确性、全面性和客观性，为学生提供了一个可靠的学习平台。

首先，科学性原则要求小学科学教材在内容上必须准确无误。科学知识是严谨的、精确的，容不得半点马虎和模糊。因此，在编写教材时，编者必须对所涉及的科学知识进行深入的研究和验证，确保其准确无误。只有这样，学生才能从教材中获得真实、可靠的科学知识，从而建立起坚实的科学基础。

其次，科学性原则要求小学科学教材在内容上必须全面。科学知识是广泛而深邃的，它涉及自然界的方方面面。在编写教材时，编者应尽可能地涵盖各个科学领域的基本知识，为学生提供一个全面的科学视野。同时，还要注重知识的内在联系和逻辑性，帮助学生构建起一个系统化的知识体系。

再次，科学性原则还要求小学科学教材在内容上必须客观。科学是客观的、公正的，它不受任何主观因素的影响。在编写教材时，编者必须坚持客观的态度，避免将个人的观点、偏见或情感色彩带入教材中。只有这样，学生才能从教材中获得客观、公正的科学知识，从而培养出独立思考和判断的能力。

除了上述内容方面的要求外，科学性原则还强调小学科学教材应注重科学方法的传授。科学方法是科学探究的基础和灵魂，它包括了观察、实验、推理、验证等一系列基本方法和技能。在编写教材时，编者应将科学方法有机地融入内容中，通过具体的案例和实践活动来帮助学生掌握这些方法和技能。这样一来，学生不仅能够学到科学知识，还能够学会如何运用科学方法去探究未知世界、解决实际问题。

总之，科学性原则是小学科学教材编写的首要原则。它确保了教材内容的准确性、全面性和客观性；它注重科学方法的传授；它为学生提供了一个可靠的学习平台；它引导学生走进科学世界、培养学生科学素养。因此，在编写小学科学教材时，我们必须始终坚持科学性原则不动摇，只有这样才能真正发挥出教材应有的教育价值和功能。

（二）适应性原则

小学科学教材的编写是一个复杂而细致的过程，其中适应性原则是非常重要的一个方面。适应性原则要求教材在编写时，必须充分考虑小学生的年龄特征、认知发展水平、生活经验以及学习兴趣等因素，确保教材内容既符合小学生的实际需要，又能有效促进他们的科学素养提升。

首先，应适应小学生的年龄特征。小学生的年龄跨度较大，从低年级到高年级，学生的认知能力、思维方式都有显著的变化。因此，教材编写应针对不同年龄段的学生，设计不同难度和深度的内容。低年级教材应注重直观性、趣味性，通过生动的图画、简单的实验吸引学生的注意，培养他们的观察力和好奇心；高年级教材则可以适当增加抽象概念、逻辑推理的内容，引导学生进行深入思考和探究。

其次，应符合小学生的认知发展水平。小学生的认知发展是一个由具体到抽象、由简单到复杂的过程。教材编写应遵循这一规律，先从学生熟悉的生活现象入手，逐步引入科学概念，再通过实践活动加深理解。例如，在讲解"水循环"时，可以先让学生观察日常生活中的水蒸发、凝结现象，再逐步介绍水循环的全过程，最后通过模拟实验让学生亲身体验，这样既能激发学生的学习兴趣，又能有效促进其认知发展。

再次，应贴近小学生的生活经验。科学教材的内容应当与小学生的日常生活紧密相连，选择那些学生能够亲身感受到或容易观察到的自然现象和社会问题作为切入点。比如，讲解植物生长时，可以结合学生家中或学校的植物进行观察；讨论环保问题时，可以引导学生关注身边的垃圾分类、节约用水等行为。这样的教材内容更容易引起学生的共鸣，增强学习的实效性。

第四，应激发小学生的学习兴趣。兴趣是最好的老师。小学科学教材应注重趣味性，通过设计富有创意的探究活动、游戏化的学习方式、引人入胜的故事等，激发学生对科学的好奇心和探索欲。同时，教材还应鼓励学生提出问题、进行猜想、设计实验方案，让他们在动手实践中体验到科学的乐趣，从而培养持续学习的动力。

最后，还应考虑地区和文化差异。我国地域辽阔，不同地区的社会文化背景、自然资源条件差异显著。教材编写时应考虑这些差异，尽可能提供多样化的案例和活动设计，使不同地区的学生都能找到与自己生活相关的科学内容，感受到科学就在身边。同时，适当融入地方特色文化，不仅能增强教材的亲和力，还能促进学生对本土文化的认同和传承。

综上所述，适应性原则在小学科学教材编写中占据核心地位，它要求教材必须紧密贴合小学生的年龄特征、认知发展水平、生活经验以及学习兴趣，同时考虑地区和文化差异，以确保每位学生都能在科学学习中获得成长和乐趣。通过这样的教材设计，可以有效提升小学生的科学素养，为他们未来的全面发展奠定坚实的基础。

（三）整合性原则

小学科学教材编写的整合性原则，是一种追求科学与其他学科深度交融的编写理念。它不仅关注科学知识的准确性和适应性，更强调科学知识与其他学科知识之间的紧密联系和相互渗透。

科学，这门探索自然规律、揭示事物本质的学科，与众多其他学科都有着紧密的联系。数学中的精确计算、语文中的生动描述、社会学科中的历史背景，都为科学知识的呈现提供了丰富的土壤。因此，小学科学教材的编写者需要具备跨学科的视野，巧妙地将这些学科知识融入科学知识的讲解中。

以生物学为例，当教材在介绍生物的种类和特性时，可以整合语文学科中的描写手法。让学生通过阅读生动有趣的文学作品来感受生物的多样性和神奇性。比如，教材中可以引入一段描写昆虫世界的文学作品，让学生在欣赏"文学之美"的同时，也能够对昆虫的形态、习性等科学知识有更直观、更深刻的理解。

再比如，在地球科学领域，教材在讲解地球的构造和运动时，可以整合数学和物理学科的知识。通过引入数学模型和物理实验，帮助学生更直观地理解地球的形状、自转和公转等科学概念。通过此类整合，教材内容变得更为多样且引人入胜，有效地引发了学生的学习热情和探索欲望。

同时，整合性原则还注重科学知识与社会生活的紧密联系。教材在编写时可以从学生熟悉的生活场景出发，引入相关的科学知识，让学生在感受科学魅力的同时，也能认识到科学知识的实用性和社会价值。

例如，在介绍环保知识时，教材可以整合环保政策和实践活动案例，让学生了解到环保不仅是科学家的研究课题，更是每个社会成员的责任和义务。学生在参与环保实践活动中，能够将所学的科学知识应用于实际行动中，从而为环境保护做出自己的贡献。

此外，整合性原则还鼓励教材编写者创新呈现方式，如通过跨学科的主题活动、项目式学习等方式，让学生在实践中体验科学知识的综合性和实用性。这样的教材编写方式不仅有助于培养学生的综合素养和实践能力，也为小学科学教育的创新发展注入了新的活力。

综上所述，整合性原则在小学科学教材编写中起着重要作用。它要求教材编写者具备跨学科的视野和思维方式，将科学知识与其他学科知识有机地融合在一起。通过巧妙的整合和创新呈现方式，帮助学生更好地理解科学知识的实际应用和价值，培养学生综合实践能力。

（四）实践性原则

小学科学教材的编写过程中，实践性原则被视为一项关键性的指导原则。这一原则不仅着重于理论知识的传授，更强调实践活动的融入和巧妙设计。科学知识，源于人们对自然世界的细致观察、反复实验和严谨验证，因此，对于正处于认知发展关键期的小学生而言，通过亲身参与实践活动来领悟科学知识、锻炼动手能力，具有不可替代的重要性。

实践性原则的核心在于"做中学"，即倡导学生通过实际操作来深化对知识的理解。以植物的生长过程为例，教材可以设计一系列富有启发性的实践活动，如引导学生亲手种植小豆芽，每天观察并记录其生长情况。在这样的实践过程中，学生们能够亲眼见证生命的奥妙，了解植物生长的每个阶段及其特点，从而对植物学知识形成更加直观、深刻的理解。

同时，这类实践活动也能够有助于学生将所学知识与他们的日常生活实际相结合。例如，在学习环保知识时，教材可以鼓励学生开展垃圾分类、废旧物品回收等具有实际意义的实践活动。这些活动不仅让学生深刻认识到环保的紧迫性和重要性，还教会他们如何在日常生活中积极践行环保理念，从小事做起，为保护环境贡献自己的一份力量。

实践性原则在教材编写中的体现远不止于此。在学习物理原理时，教材可以通过设计简单易行的实验，如浮力实验、重力实验等，帮助学生直观理解这些抽象概念；在学习动物行为时，教材可以引导学生观察并记录校园内或附近动物的日常行为，激发他们的好奇心和探究欲望。这些实践活动都强调了学生的主体地位和主动参与，使得科学知识变得更加鲜活、有趣且易于掌握。

值得一提的是，实践性原则的贯彻落实需要教师的积极参与和有效引导。教师需要为学生提供充足的实践机会和必要的资源支持，鼓励他们在实践中大胆尝试、积极探索。同时，教师还需要对学生的实践活动给予及时的指导和评价，帮助他们总结经验教训，提升实践能力。

综上所述，实践性原则在小学科学教材编写中占据重要地位。它要求教材编写者注重实践活动的设计和引导，将科学知识转化为学生可以亲身参与、体验的实践过程。通过这样的方式，学生们不仅能够更好地理解和掌握科学知识，还能够培养他们的实践操作能力、创新思维能力以及解决实际问题的能力，为未来的科学探索之路奠定坚实的基础。

（五）发展性原则

小学科学教材遵循着众多原则，其中发展性原则尤为关键。这一原则强调，教材不仅要传授知识，更要注重学生的全面、长远发展。因此，教材需要着眼于学生的未来，关注培养他们的科学素养、创新能力、探究精神等多方面能力，以助力学生更好地适应未来社会的多元化需求。

在科学素养方面，教材通过精心筛选的内容和生动有趣的呈现方式，有效激发学生对科学的浓厚兴趣和好奇心。以生物多样性为例，教材展示了丰富的生物图片和视频，引导学生深入观察、思考生物之间的内在联系和独特差异。同时，通过设计富有启发性的实验和探究活动，如生物饲养、生态观察等，让学生亲自动手实践，深入体验科学探索的乐趣，从而培养他们的科学思维和实验技能。

在创新能力培养方面，教材积极鼓励学生勇于质疑、勇于探索。以环保问题为例，教材引导学生审视现有的环保措施，思考其有效性，并尝试提出更具创意的解决方案。通过此类引导方法，学生的创新思维得到了显著的激发，其解决问题的能力也随之得到了提升。同时，教材还通过介绍科学家的创新故事和科学发明的精彩过程，让学生深刻领悟到创新的重要性和无限可能性。

探究精神是科学学习的灵魂。教材通过设计开放性的问题和富有挑战性的探究任务，如地球运动的观测实验、植物生长的对比研究等，引导学生主动探究、自主学习。在探究过程中，学生不仅掌握了科学知识，还培养了坚韧不拔的探究精神和自学能力。

除了以上三个方面，发展性原则还要求教材关注对学生的情感、态度和价值观的培育。例如，在探讨科技发展对社会的影响时，教材引导学生全面思考科技的双刃剑效应，认识到科技发展的积极贡献和潜在风险，从而培养他们的社会责任感和伦理意识。

综上所述，发展性原则在小学科学教材编写中占据着重要的地位。它要求教材编写者格外注重学生的全面发展，精心设计教材内容和呈现方式，以培养学生的综合素质和适应未来社会发展的能力。通过这样的教材编写理念和实践，我们相信能够培养出更多具备科学素养、创新能力和探究精神的新一代人才，为社会的持续发展和进步贡献力量。

第四章

国内外小学科学教材发展概述及国内教材比较

小学科学教育作为基础教育的重要组成部分，其教材的质量和特点直接影响着学生的学习效果和科学素养的培养①。本章将对国内外小学科学教材进行概览，并对国内典型的三套小学科学教材进行详细的比较分析。

第一节　国内外小学科学教材概览

一、国内小学科学教材概览

（一）发展概况

小学科学教育，作为培育学生科学素养的摇篮，在我国的教育版图中占据着举足轻重的位置。随着教育理念的不断更新和课程改革的层层深入，我国的小学科学教材也历经了显著的蜕变和进步。早期的以自然科学知识主导、中期的科学探究与实践活动凸显，以及近年来的跨学科整合与创新精神培养等三个时期，构成了我国小学科学教材的发展脉络。

---

① 林华．龙嘉镇小学科学教师素质状况调查与分析［D］．长春：东北师范大学，2007．

1. 早期：以自然科学知识为主（时间段大致为 1903 年至 1979 年）

在早期的小学科学教育中，教材的核心内容主要聚焦于自然科学知识的传递。生物、物理、化学等基础学科的知识构成了教材的主体，旨在帮助学生构建对自然世界的基本认知框架。通过条理清晰的知识体系、逻辑严密的结构布局以及直观生动的实验展示，教材为学生们搭建了一座通往科学殿堂的桥梁。

然而，这一时期的科学教育也暴露出了一些局限性。过于偏重知识传授的教学模式在一定程度上忽略了对学生科学素养的全方位培育，导致理论与实践之间存在一定的脱节。同时，实验条件和教学资源的限制也制约了科学教育的深入发展。

当然，这一时期还可以细分，比如谢恭芹①就将这一时期分为了清末阶段（1904—1911）、民国初期（1912—1922）、民国后期（1923—1949）、新中国初期（1950—1977）。1927 年前的科学课本代表：陆衣言、蒋镜英编辑的初级小学自然课本；凌昌焕编辑的高级小学自然课教科书等。1927 年后，小学科学教材的版本很多，比如杨卿鸿等编辑的新中华自然课本、董文编辑的自然课本等。潘洪建②的调查总结发现1951—1992 年我国先后出版了 7 套全国通用小学自然教材。

2. 中期：强调科学探究和实践活动（时间段大致为 1980 年至 2000 年）

随着教育改革的不断推进，我国的小学科学教育逐渐转向了以科学探究和实践活动为主导的教学模式。在这一时期，科学教材开始更加注重培养学生的实践能力和科学探究精神。

教材通过精心设计的探究活动和实验项目，引导学生在实践中主动

---

① 谢恭芹 . 中国近现代小学科学课程演变研究［D］. 北京：首都师范大学，2009.

② 潘洪建 . 小学科学教材 60 年［J］. 河北师范大学学报（教育科学版），2015，17（02）：29-34.

发现问题、提出假设、设计实验方案并寻求答案。① 这种以探究为核心的教学方式可以很好激发学生的学习兴趣，还有效提升了他们的实际操作能力和问题解决能力。

此外，这一阶段的科学教育还更加注重与日常生活的紧密联系。教材内容紧密围绕学生的生活实际，引导他们关注身边的科学现象和问题。通过与生活实际相结合的教学案例和情景模拟，学生得以将所学知识应用于实际生活中，进一步提升了科学素养的实用性和现实意义。

这一时期的典型教材如第六套全国通用小学自然教材（1982—1985）、第七套全国通用小学自然教材（1986—1992）。其他如广东、四川、上海、浙江、北京师范大学等也编写了各自的九年义务教育教材。这些教材自1990年秋季起在全国25个省、市、自治区、直辖市的学校中试验，经修改与审定，供全国小学选用。②

3. 近年来：注重跨学科整合和创新精神的培养（时间段大致为2001年至今）

在近年来的小学科学教育中，跨学科整合和创新精神的培养成了新的改革重点。科学教材在内容上开始注重跨学科知识的融合与贯通，打破了传统学科之间的壁垒。

教材通过整合生物、物理、化学、地理等多个学科的知识内容，构建了一个更加全面、系统的科学知识体系。同时，他们还注重引入前沿科学技术和最新研究成果，使教材内容更加贴近科技发展的前沿动态。

除了内容的整合外，近年来的科学教育还更加注重培养学生的创新精神。教材通过设计开放性的科学问题和创新性的实验项目，鼓励学生发挥自己的想象力和创造力进行科学探究。这种教学方式旨在培养学生

---

① 邵昂．"探究光照强度对植物净光合速率的影响"教学案例［J］．生物学通报，2017，52（03）：35-38．

② 潘洪建．小学科学教材60年［J］．河北师范大学学报（教育科学版），2015，17（02）：29-34．

的创新思维和问题解决能力，为未来的科学研究和创新活动奠定坚实基础。

这一时期我国的小学自然教材在名称上基本改为了科学教材，一些省市纷纷出版了各具特色的小学科学教材，这些教材力求体现新的课程标准和理念，并强调各自的特色。

综上所述，我国小学科学教材的发展历程经历了从注重知识传授到强调科学探究和实践活动，再到注重跨学科整合和创新精神培养的转变过程。这一转变不仅彰显了我国教育理念的持续进步和发展，还反映了社会对人才培养需求的不断提升和变化。

（二）主要版本及特点

1. 人教版

人教版小学《科学》教材历经数十载的积淀与发展，始终走在科学教育改革的前列。其特色在于强调科学知识的系统性传授，同时注重培养学生的探究能力和创新思维。教材内容既扎根于基础科学原理，又通过生动的实验和贴近生活的案例，激发学生的求知欲和动手实践的兴趣；探究活动和教材插图丰富、有趣，注重学生能力的培养。[①]此外，人教版教材在跨学科整合方面做得尤为出色，帮助学生建立起一个多维度、全方位的科学知识体系。在培养学生的环保意识和社会责任感方面，人教版教材也通过精心设计的课程内容，引导学生关注环境问题，积极参与社会公益活动，实现科学知识的社会价值。

2. 苏教版

苏教版小学《科学》教材以其独特的教育理念和创新的教学内容赢得了广泛的认可。该套教材布局较为紧凑，插图占据页面的大部分，文字主要为图片和表格进行解释和说明；该教材注重科学知识与日常生

---

① 潘洪建，朱婕蔚，刘晓妍，等. 人教社三版小学自然（科学）教科书发展（1978—2017）［C］//扬州大学. 当代教育评论：第 12 辑：42-56.

活的紧密联系，让学生在熟悉的生活场景中发现科学的奥秘，运用科学知识解决实际问题。[①]同时，苏教版教材强调跨学科的融合与贯通，将物理、化学、生物等多个学科的知识有机结合起来，提升学生的综合科学素养。在实践能力培养方面，苏教版教材通过设计丰富多样的实验和探究活动，让学生在动手操作中体验科学的魅力，培养创新精神和实践能力。此外，该教材还关注学生的情感态度与价值观的培养，引导学生在科学探究过程中学会合作、分享和反思。

3. 教科版

教科版小学《科学》教材以培养学生的科学素养为核心目标，注重科学性与趣味性的有机结合。教材内容严谨而生动，通过精美的插图和有趣的实验来吸引学生的注意力，激发他们的学习兴趣。同时，该教材注重培养学生的科学探究能力，通过设计具有挑战性的探究活动和问题引导，鼓励学生自主思考、动手实践，培养他们的科学探究精神。在环保与社会责任方面，教科版教材也通过相关内容的学习和实践活动的引导，让学生关注环境问题、积极参与科学实践活动，培养他们的环保意识和社会责任感。

4. 北师大版

北师大版小学《科学》教材以其知识的系统性和科学性而著称。该教材按照科学知识体系进行编排，注重知识的内在联系和逻辑性，帮助学生建立起全面、系统的科学认知结构。同时，北师大版教材强调学生的主体性和实践性，通过设计丰富多样的探究活动、实验和手工制作等，让学生在亲身体验中感受科学的魅力、培养实践能力和创新精神。此外，该教材还关注学生的情感态度与价值观的培养，注重在科学教育中渗透人文关怀和社会责任，让学生在探究科学的同时学会关注社会、

---

① 迟菁华. 基于科学学科核心素养的小学科学教材比较研究［D］. 济南：山东师范大学，2022.

关注他人、关注自己的内心世界。

5. 青岛版

青岛版小学《科学》教材致力于提升学生的科学素养，并特别重视培养学生的探究精神和自主学习能力。该教材主打简约风，插图、表格和文字所占篇幅较少，页面留白较多，插图和表格没有充斥整个页面，对于科学知识的文字叙述也简洁明了，没有太多华丽的辞藻；知识点的编排呈螺旋式上升，以学生的生活经验为主线，相同科学概念在多个年级都有学习，高年级学习同一科学概念的难度更高。① 同时，青岛版教材关注学生的情感态度与价值观的培养，引导学生在科学探究过程中学会合作、分享、反思和批判性思维等非技术性能力的发展。此外，该教材还注重培养学生的创新思维和解决问题的能力，为未来的学习和生活做好准备。

（三）存在的问题与不足

随着我国教育改革的不断深入，我国小学科学教育已经取得了显著的发展，但在教材方面仍然存在一些问题和不足。这些问题不仅影响了科学教育的质量，也制约了学生科学素养的提升。以下是对我国小学《科学》教材中存在的问题与不足的概述。

1. 教材内容与现实生活联系不够紧密

尽管小学科学教育强调科学知识与现实生活的结合，但一些教材在内容选择上仍显得过于理论化，缺乏与现实生活的紧密联系。这种脱节导致学生难以将所学知识与日常生活中的现象和应用相对应，无法真正体会到科学的实用性和趣味性。为了增强学生的实践能力和创新思维，教材应更加注重引入现实生活中的案例和情境，让学生在解决实际问题的过程中掌握科学知识。

---

① 迟菁华. 基于科学学科核心素养的小学科学教材比较研究［D］. 济南：山东师范大学，2022.

案例一：植物生长实验。在某些小学科学教材中，可能会介绍植物生长的基本原理和条件，但往往只是停留在理论层面。教材里可能会详细描述光合作用、水分吸收等科学概念，但却未能充分将这些理论与现实生活中的植物种植活动相结合。尽管几乎各版本教材都有"植物的一生"的相关内容章节，但很多一线老师针对这部分内容仅做简单知识点的传授。如果教材能够设计一个实际的种植项目，比如让学生们亲手种植一棵植物，观察并记录其生长过程，那么学生们就能更直观地理解植物生长的各个阶段和条件。这样的实践活动不仅能激发学生的学习兴趣，还能让他们在实际操作中加深对科学知识的理解。

案例二：天气与气候的变化。在科学课上，学生们经常会学习到关于天气和气候的知识，包括温度、湿度、风向等基本概念。然而，如果教材仅仅停留在解释这些抽象的概念上，而没有与现实生活中的天气现象相联系，学生们可能难以真正理解这些概念的实际意义。为了加深学生的理解，教材可以设计一些与现实生活密切相关的活动。例如，可以让学生们记录一周的天气情况，包括温度、湿度、天气状况等，并与教材中的理论知识相对照。此外，教材还可以引导学生们思考天气变化对日常生活的影响，比如雨天需要带伞，高温天气需要注意防晒等。通过这些活动，学生们能够更直观地理解天气与气候的概念，并将所学知识与现实生活紧密联系。

2. 教材难度层次不够分明，不能因材施教

小学科学教材的难度应该根据学生的年龄特点和认知水平进行合理安排。然而，一些教材在难度设置上缺乏层次感，没有充分考虑到不同学生的学习需求和接受能力。这种"一刀切"的做法容易导致部分学生感到学习压力过大或过于轻松，从而影响他们的学习积极性和效果。因此，教材编写者需要更加深入地了解学生的实际情况，根据不同学生的特点和需求进行难度分层，确保每个学生都能在科学学习中获得成长和进步。

案例一：基础科学实验活动。在一些小学科学教材中，会设计各种基础科学实验活动，旨在帮助学生理解科学原理。然而，如果实验的难度设置过于单一，未考虑到不同学生的认知水平和动手能力，就可能导致一部分学生因为实验太难而感到沮丧，另一部分学生则因为实验太容易而失去兴趣。教材可以设计一系列难度递增的实验。对于初学者，可以提供一些简单的观察性实验，如观察植物的生长过程或物质的溶解现象。对于进阶学生，可以设计更具挑战性的实验，如制作小型电路或进行简单的化学反应实验。这样的分层设计可以确保每个学生都能在适合自己的难度水平上开展实验，从而提高学习兴趣，确保学习效果。

案例二：科学知识的理解与应用。在科学教材中，经常会介绍一些复杂的科学概念和原理。如果教材没有根据不同学生的认知水平的差异来调整内容的难度，就可能导致一些学生无法理解复杂的概念，而另一些学生则感到内容过于简单。例如，教材在介绍地球的自转和公转时，对于基础较差的学生，教材可以先从简单的现象入手，如昼夜交替和四季变化，逐渐引导学生理解地球的运动原理。而对于基础较好的学生，则可以引入更复杂的科学概念，如地球的倾斜角度对季节变化的影响，或者地球自转产生的科里奥利力等。

3. 教材缺乏趣味性和互动性设计

对于小学生而言，趣味性和互动性是激发他们学习兴趣的重要因素。然而，一些小学科学教材在编写上过于强调知识传授，而忽视了这两个方面的设计。这使得学生在学习过程中容易感到枯燥乏味，缺乏探究和创新的动力。为了提升学生的学习体验，教材应该增加更多富有趣味性和互动性的元素，如实验、游戏、故事等，让学生在轻松愉快的氛围中掌握科学知识。

案例一：科学实验探究活动。为了提升学生的实践能力和探究兴趣，教材中可以设计一系列富有趣味性的科学实验探究活动。例如，通过引导学生进行"自制火山爆发"的实验，让他们亲身体验化学反应的神奇。在这个实验中，学生可以使用土豆泥和番茄酱来模拟火山爆发的情景，观察化学反应产生的气体和泡沫。这样的实验不仅有趣，还能帮助学生直观地理解化学反应的原理，尤其是取材都是小学生很熟悉的材料。当然，如果时间有限，作为教师的演示实验同样能引起学生的强烈兴趣。

此外，教材还可以设计"寻宝游戏"式的探究活动，让学生在校园内寻找特定的植物、动物或矿物，并记录他们的发现。这样的活动不仅能锻炼学生的观察力和动手能力，还能让他们更加亲近自然，增强对科学的兴趣。

案例二：互动式故事情境。为了增加教材的互动性，可以编写一些包含科学知识的互动式故事。例如，创建一个以科学家为主角的故事，让学生在阅读过程中扮演科学家的助手，通过解决问题和完成任务来推动故事的进展。这样的设计能让学生更加投入地参与学习，提升他们的学习兴趣。

同时，教材中还可以加入一些科学谜题或挑战，让学生在解决问题的过程中学习科学知识。例如，设计一个关于动物栖息地和食物链的谜题，让学生通过查找资料和逻辑推理来找出答案。这样的活动不仅能锻炼学生的思维能力，还能让他们在实践中学习科学知识。

4. 教材更新速度滞后于科技发展的步伐

科技的日新月异使得新的科学知识和技术层出不穷，这对小学科学教育提出了更为严峻的挑战和更高的期望。然而，一些教材的更新速度却相对滞后，无法及时反映科技发展的最新成果和动态。这使得学生在学习过程中无法接触到最前沿的科学知识，也限制了他们的视野和思维发展。为了保持科学教育的时效性和针对性，教材编写者需要加快更新速度，及时将最新的科技成果和理念融入教材中，为学生提供更加丰富、多元的学习资源。

案例一：人工智能与机器人技术。近年来，人工智能（AI）和机器人技术在各个领域都取得了显著的进展。它们不仅在工业制造、医疗服务、智能家居等领域有广泛应用，也对我们的未来生活产生了深远影响。然而，如果小学科学教材未能及时更新，学生就无法在课堂上了解到这些前沿技术。

例如，如果教材中只介绍传统的机械原理和简单的电路知识，而不涉及现代的传感器技术、机器学习算法或机器人编程等内容，学生就会错过了解和学习这些新兴技术的机会。通过将最新的 AI 和机器人技术融入教材，学生可以更直观地理解现代科技如何改变我们的生活，并激发他们对未来科技职业的兴趣。

案例二：环保与可持续发展。随着全球气候变化和环境问题的日益严重，环保和可持续发展已成为当今社会的热点话题。然而，如果教材未能及时更新，学生就无法及时了解到这些重要的环保理念和实践。

例如，如果教材中仍然只强调传统的资源利用和环境保护方式，而不涉及现代的可持续发展理念、绿色能源技术或循环经济等内容，学生就会对当前的环境问题缺乏全面的认识。通过将最新的环保知识和可持续发展理念融入教材，学生可以更加深入地了解环境问题的紧迫性，并培养他们的环保意识和社会责任感。

二、国外小学科学教材概览

（一）发展概况

小学科学教育，作为培育学生科学素养的基石，在国外已经历了显著的发展。随着教育理念的不断革新和科技的迅速进步，国外的小学科学教材也在不断地变革与创新中逐渐走向成熟。这些教材不仅内容丰富、形式多样，而且深刻体现了以学生为主体的教育理念，强调对学生实践能力和创新精神的培养，呈现出多元化、个性化的鲜明特点。

在早期阶段，国外的小学科学教材主要侧重于基础知识的单向传授，教师的讲解占据主导地位，学生的参与度相对较低。然而，随着教育理念的不断更新，小学科学教育的重心逐渐转向了对学生的实践能力和创新精神的培养。教材编写者开始注重将科学知识与学生的实际生活紧密联系起来，通过设计丰富多样的探究活动和实验，让学生在亲身体验中感受科学的魅力，从而激发学生的学习兴趣和探究欲望。

（二）主要版本及特点

1. 美国小学科学教材

美国的小学科学教育非常重视对学生的实践能力和创新精神的培养，其教材涉及学科范围广，综合性很强。[①]同时，其教材编写往往以学生的生活经验为出发点，通过设计大量的实践活动和探究学习，让学生在亲身体验中掌握科学知识，感受科学的魅力。此外，美国的小学科学教材也充分尊重学生的认知规律和心理特点。[②]

例如，在某版美国小学科学教材中，关于"植物的生长"的单元，并没有直接告诉学生植物生长的过程和条件，而是通过设计一系列的实验和观察活动，引导学生亲自动手种植植物、记录生长数据、分析实验结果。学生在这样的学习经历中，不仅能够习得关于植物生长的知识，更能够锻炼其实践技能，并培育出深厚的科学探究精神。

2. 英国小学科学教材

英国的小学科学教材强调科学与其他学科的整合与交叉，注重培养学生的跨学科思维能力。教材中往往融合了数学、物理、化学、生物等多个学科的知识，引导学生在解决实际问题的过程中，学会综合运用所学知识。2013 年，英国教育部实行了新的小学科学课程。新课程分为科学能力训练与科学知识传授两个方面，此外还实施了新的科学评估，

---

① 刘忠学．美国小学科学教材中的跨学科学习内容及特点：以斯科特·福斯曼版《科学（1—6 级）》教材为例 ［J］. 湖北教育（科学课），2023（01）：75-77.
② 张晋．美国小学科学教材 Science Fusion 的分析研究 ［D］. 济南：山东师范大学，2018.

旨在培养学生独立解决科学问题的能力，为培养既有科学知识、又富有科学精神与科学探究能力的高层次科学人才打下基础。①

例如，在某版英国小学科学教材中，关于"环境保护"的单元，要求学生运用所学的科学知识，分析环境问题产生的原因，提出解决方案，并通过数学计算评估方案的可行性。这样的教材内容设计，不仅使学生学会了科学知识，还培养了他们的环保意识和跨学科解决问题的能力。

3. 日本小学科学教材

日本的小学科学教材非常注重培养学生的观察力和实验能力。② 教材中往往包含大量的实验活动和观察任务，引导学生在动手操作的过程中，深入理解科学知识。例如，在某版日本小学科学教材中，关于"电路"的单元，要求学生亲手搭建电路、观察电流的变化、分析实验结果。通过这样的学习过程，学生不仅掌握了电路的基本知识，还培养了观察力和实验操作能力。同时，日本的小学科学教材还非常注重培养学生的科学素养和探究精神，鼓励学生自主提出问题、设计实验、解决问题，从而培养学生的自主学习能力和创新精神。

综上所述，国外小学科学教材的发展已经相当成熟，具有多元化和个性化的特点。这些教材注重学生的主体性，强调实践能力和创新精神的培养，为我国小学科学教材的发展提供了有益的借鉴和启示。在借鉴国外教材时，我们需要结合我国的实际情况进行本土化的改造和创新，以更好地适应我国学生的需求和特点。同时，我们也需要关注国外小学科学教育的最新动态和趋势，以便及时更新和完善我国的小学科学教材和教育理念。

① 祝怀新，郑和淋．英国小学科学新课程改革探究［J］．外国中小学教育，2015（01）：50-54.

② 张静．人教社2003与2004年版高中生物（必修）教材的比较研究［D］．曲阜：曲阜师范大学，2006.

（三）国外小学科学教材的优点

1. 强调实践性学习，培育科学探究能力

国外小学科学教材非常注重学生的实践性学习，通过设计丰富多样的实验、探究活动和实践任务，让学生在亲身体验中感受科学的魅力。如美国的小学科学教材鼓励学生走出教室，进行户外考察和实地探究。学生们可以观察自然现象、记录数据、提出问题并寻找答案。这种学习方式不仅有助于培养学生的实践能力和创新精神，更能激发他们对科学的兴趣和好奇心。

案例一：英国小学科学教材中的实践性天气观测活动

在英国的一些小学科学教材中，有一个关于天气的单元，它不仅教授学生关于天气的科学知识，还设计了一个为期一周的实践性天气观测活动。学生们被要求每天定时记录天气情况，包括温度、湿度、风向、风速以及云的类型和覆盖度等。通过这一周的实地观测，学生们能够亲身体验到天气变化的多样性和不可预测性，同时也锻炼了他们的观察力和数据记录能力。

此外，教材还鼓励学生们利用自己收集的数据，尝试预测未来的天气情况，并与实际天气进行对比。这种活动设计旨在培养学生的科学探究能力和逻辑思维能力。

案例二：澳大利亚小学科学教材中的环保实践活动

澳大利亚的小学科学教材特别注重环境保护和可持续发展的教育。其中一个典型的实践活动是"垃圾分类与回收"。在这个活动中，学生们需要首先了解不同垃圾的分类方法，然后在学校或家里进行实际的垃圾分类操作。

学生们需要收集一周内产生的各类垃圾，并按照可回收物、有害垃圾、厨余垃圾和其他垃圾进行分类。通过这个实践活动，学生们不仅了解了垃圾分类的重要性，还培养了他们的环保意识和责任感。此外，教材还鼓励学生们思考如何减少垃圾的产生，以及如何通过创新方式提高垃圾的回收利用率，从而进一步培养他们的创新思维和解决问题的能力。

2. 注重跨学科整合，培养综合思维能力

国外小学科学教材在内容设计上往往将科学知识与数学、技术、工程等多个领域相结合，强调跨学科的整合。这种整合不仅有助于学生建立全面的知识体系，更能培养他们的跨学科思维能力。例如，英国的小学科学教材经常涉及环保、能源等主题，要求学生运用科学知识分析实际问题，并提出创新性的解决方案。

英国某版小学科学教材中的一个案例很好地体现了这一点。该教材中的一个单元要求学生设计一个能够减少环境污染的垃圾分类系统。学生们需要运用所学的科学知识，分析不同垃圾的成分和处理方法，同时还需要考虑系统的可行性和经济性。在这样的学习过程中，学生们不仅巩固了所学的科学知识，还培养了他们的环保意识、创新思维和跨学科解决问题的能力。

3. 重视培养观察力和实验能力，提升科学素养

日本的小学科学教材在培养学生的观察力和实验能力方面尤为突出。教材中包含了大量的观察任务和实验活动，引导学生在动手操作的过程中深入理解科学知识。这种注重实验的教学方法不仅有助于培养学生的科学素养，更能提升他们的动手能力和问题解决的能力。

例如，关于物体浮沉原理的实验活动。在这个活动中，日本小学科学教材会提供一系列不同材料和形状的物体，如水中的塑料块、木块、金属块等。学生们需要观察和记录这些物体在水中的浮沉情况，并通过改变物体的形状或重量来探究影响物体浮沉的因素。

这个实验活动不仅让学生们直观地理解了物体的浮沉原理，还锻炼了他们的实验操作能力和观察能力。同时，通过分析和解释实验结果，学生们也提升了逻辑思维能力和数据处理能力，进一步提高了他们的科

学素养。

4. 关注个性化与差异化教学，满足多元学习需求

国外小学科学教材在编写上非常注重学生的个性化发展，根据学生的年龄特点和认知水平进行分层设计。同时，教材提供了丰富多样的学习资源和活动选择，让学生可以根据自己的兴趣和特长进行个性化学习。这种关注个性化与差异化的教学理念有助于满足不同学生的学习需求，促进他们的全面发展。

例如，在某些国外小学科学教材中，会设置不同难度的实验任务和挑战活动供学生选择。基础较好的学生可以选择更具挑战性的任务来提升自己的能力水平；而基础较薄弱的学生则可以选择相对简单的任务来巩固基础知识并培养自信心。这样的设计让每个学生都能在科学学习中找到适合自己的发展路径。

（四）国外小学科学教材的不足

1. 文化适应性有限

国外小学科学教材在跨文化引入时，往往面临文化适应性的挑战。由于不同国家的文化背景、教育体制和学生需求存在显著差异，直接引进的教材可能难以完全契合目标国家的实际情况。例如，一些教材内容可能涉及特定文化背景下的科学实践活动或案例，这些内容在其他文化背景下可能无法产生共鸣或理解。因此，在引进国外教材时，需要进行细致的本土化改造和创新，以确保其适应目标国家的文化和教育需求。

案例一：日本小学科学教材引入的文化适应性问题

日本的小学科学教材在其国内教育中起到了很好的效果，但当其被引入其他亚洲国家时，却出现了文化适应性不良的问题。教材中涉及的许多实验和活动都基于日本的地理环境、季节变化以及特有的动植物。例如，教材中提到的观察樱花盛开的实验，在其他国家可能就无法实施，因为樱花并非所有地方都有，其盛开的时间也各不相同。

为了适应这种情况，引进国家的教育工作者需要对教材进行大量的改编，寻找与当地环境相符的实验材料和活动内容。这不仅需要投入大量的时间和精力，而且可能影响到教材原有的教学理念和系统性。

案例二：英国小学科学教材在中东地区的文化适应性挑战

英国的小学科学教材以其系统性、科学性受到了许多国家的青睐。然而，当中东地区引进这些教材时，却面临着一系列文化适应性的问题。教材中涉及的许多科学实验和活动都与英国的气候、环境以及文化紧密相关。例如，教材中提到的观察雨滴形成的实验，在中东的沙漠地区就很难实施，因为那里的降雨量非常少。另外，一些涉及英国特有动植物的实验，在中东地区也找不到相应的材料。

因此，中东地区的教育工作者在引进英国小学科学教材时，需要对教材进行本土化的改造，以适应当地的气候和环境。这包括替换实验材料、调整活动内容，甚至重新设计教学方案，以确保教材能够在当地得到有效的实施。

2. 资源依赖与匹配问题

尽管国外小学科学教材在内容设计和教育理念上具有先进性，但它们往往对教学资源和实验器材提出较高的要求。然而，在资源相对匮乏的地区或学校，可能难以提供足够的支持来满足这些教材的实施需求，这无疑给当地的教学工作带来了一定的挑战。

例如，一些教材中设计的实验活动需要特定的实验器材和材料，而这些器材和材料在资源匮乏的环境下可能难以获取。这不仅限制了教材的实际应用效果，还可能加剧教育资源的不平等分布。

3. 教师培训与发展滞后

国外小学科学教材的有效实施，离不开教师具备深厚的科学素养和卓越的教学能力。然而，在某些国家或地区，教师的培训与发展可能存在一定的滞后性，这导致他们难以全面理解和灵活运用教材所蕴含的教学理念和方法，从而影响了科学教学的质量和效果。

例如，一些教师可能习惯于传统的讲授式教学，而难以适应国外教材中强调的探究式学习和以学生为中心的教学理念。这不仅会影响教材的实施效果，还可能阻碍教育改革的推进。

4. 评价体系的局限性

国外小学科学教材的评价体系也面临一定的挑战。一方面，过于强调标准化测试的成绩可能导致教学过于注重应试技巧的训练，而忽视了学生的全面发展。例如，一些教材在评价环节过分依赖选择题和填空题等客观题型，限制了学生对科学知识的深入理解和应用。另一方面，过于灵活的评价方式可能缺乏客观性和可比性，无法准确反映学生的实际水平。例如，一些教材采用开放式的评价方式，如口头报告或小组项目等，这些评价方式虽然能够全面评估学生的综合能力，但也可能受到教师主观因素的影响，导致评价结果的公正性和准确性受到质疑。

综上所述，国外小学科学教材在促进学生科学素养提升方面具有显著优势，但在跨文化引入、资源依赖、教师培训和发展以及评价体系等方面也存在一定的不足之处。在引进和使用这些教材时，需要充分考虑目标国家的实际情况和需求，进行本土化的改造和创新，并加强教师培训和支持，以确保其发挥最大优势并促进学生的全面发展。

第二节　国内主要小学科学教材比较分析

一、教材选择

教育科学版（以下简称教科版）教材在全国使用地区较为广泛，具有普遍性；江苏凤凰教育版（以下简称苏教版）教材则是在我国教育发达地区使用率较高的版本；人教版是人民教育出版社与湖北教育出版社合作出版的教材，同时兼具普遍性与区域代表性。①综合考虑后，本次比较研究的三套小学科学教材为：教科版（2019，第一版）、人教版（2017，第一版）及苏教版（2017，第一版），包括本书最后的附录也是来自以上三个版本的教材。

本节将从内容设计方面、图文编排方面、课程容量方面及教学逻辑方面对三套小学科学教材进行详细的比较。在内容设计方面，将详细比较和分析生命科学部分的"植物的一生"和"动物的一生"，由于内容结构上有相似性，这两个内容将做交替分析。物质科学的"空气"、地球与宇宙科学的"自然资源"、技术与工程的"节能小屋"将做简要比较和分析。

二、比较结果

（一）内容设计方面

1. 以"植物的一生"和"昆虫的一生"为例（生命科学）

（1）植物的一生

小学科学课程作为基础教育的一部分，对于个体科学素养的初步塑造具有不可替代的重要作用。同时，小学科学课程也是一门实践性课程，探索与研究是学生学习该课程的重要方式，这就对小学科学教材的内容设计提出了很高的要求。②

三套小学科学教材均严格遵循国家教育政策，同时充分考虑到小学生的年龄特征和认知发展规律。它们不仅吸收了国际科学教育的前沿理念，也紧密结合了我国小学科学教育的实际状况和需求。基于《科学课程标准》，小学科学课程包括物质科学、生命科学、地球与宇宙科

---

① 邵建新，田德旭. 新教科版、苏教版小学一年级科学教材比较分析 [J]. 兵团教育学院学报，2018，28（06）：74-79.

② 许友权. 中国与厄瓜多尔小学科学课程标准比较研究 [D]. 扬州：扬州大学，2018.

学、技术与工程四大部分内容。物质科学领域选择了 6 个主要概念，生命科学领域选择了 6 个主要概念，地球与宇宙科学领域选择了 3 个主要概念，技术与工程领域选择了 3 个主要概念，四大领域的 18 个主要概念构成了本课程的学习内容，并将科学、技术、社会与环境的内容融入其中。这四大领域的 18 个主要概念被分解成 75 个学习内容，分布在三个学段的课程内容中。

在《科学课程标准》的基础上，各套教材在内容设计上也有明显的不同。以植物的一生为例（图 4-1—图 4-3），三套教材在内容设计上有着显著的区别：

①在《科学课程标准》中，将"植物的一生"设计在三、四年级完成，教科版将这部分内容安排在四年级下学期，而人教版和苏教版则安排在三年级下学期。所以，将具体内容设计在哪个学期，教材编写具有一定的弹性。

②选择的植物种类有所区别。教科版和人教版都选择了凤仙花的一生作为内容的主线，而苏教版选择的是番茄和黄瓜作为内容的主线。究其原因，《科学课程标准》并没有具体要求给学生学习何种植物的一生，这就使不同的教材编著者可以根据不同教材使用地区的特点进行弹性选择，这也体现了乡土教材的部分特征，即因地制宜地选择更有利于教学的学习内容和方式。

③"植物的一生"学习单元有显著差异。

教科版将凤仙花的一生分为 8 个单元。在总的形态特征中，首先区分了凤仙花、葱和仙人球的形态特征；在叶片的形态特征中，讨论了仙人掌、水稻、松树和香蕉树的区别；在茎的形态特征中，辨析了牵牛花、向日葵、土豆、西瓜和葡萄的差异；在花的特征中，区分了南瓜花、百合花和桃花的差别；在果实的讨论中，涉及了桃、西瓜、豆荚、莲蓬、花生和苹果；在种子的传播方式上，则分析了凤仙花和苍耳、蒲公英和樱桃的区别。总体来讲，教科版的内容是非常丰富的。

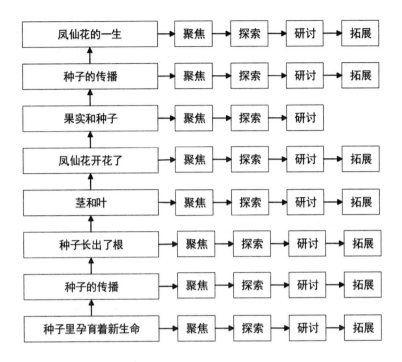

图 4-1 教科版"植物的一生"(第八册)

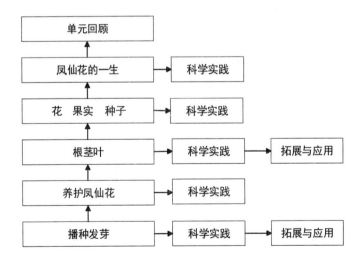

图 4-2 人教版"植物的一生"(第六册)

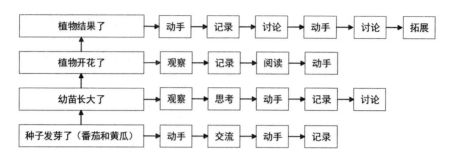

图4-3　苏教版"植物的一生"（第六册）

人教版将"植物的一生"分为5个单元，最后增加了1个回顾单元。就"植物的一生"的5个单元而言：养护凤仙花和播种发芽都全部针对凤仙花本身，并未涉及与其他种类植物的比较，只有到根茎叶的时候，才和蔬菜、蒲公英、葱、小麦、竹子和松树进行了比较；在花的部分和桃花、梨花和百合花进行了比较；在生命周期中和向日葵、胡萝卜进行了比较。

苏教版将"植物的一生"分为4个单元。首先选择的植物种子是番茄和黄瓜种子，然后讨论了蚕豆、苹果、红松、冬瓜和枣的种子的区别，接着在花粉的传粉方式上，涉及了桃、油菜、玉米、杨树、豌豆、小麦等的区别；最后将植物的一生拓展到植物资源，如棉花与内衣、贝母与止咳药、橡胶树与轮胎、甘蔗与糖、玉米与乙醇汽油等。

（2）昆虫的一生

教科版"昆虫的一生"内容模块关系图如图4-4所示。在教科版中，这一章节的标题叫作"动物的一生"，主要包括八个教学单元：迎接蚕宝宝的到来、认识其他动物的卵、蚕长大了、蚕变了新模样、蚕茧中钻出了蚕蛾、蚕的一生、动物的繁殖、动物的一生。在本章节的八个教学单元中，有五个单元是紧紧围绕蚕的生长变化展开，有三个单元属于教学内容的拓展，主要通过蚕的一生的教学来引导学生认识动物的繁殖及一生。

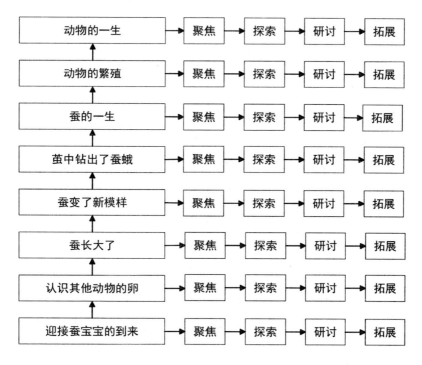

图 4-4　教科版"昆虫的一生"（第六册）

　　人教版"昆虫的一生"内容模块关系图如图 4-5 所示。在该章节前言中，通过介绍我们祖先很久以前就开始种桑、养蚕、缫丝和织绸，到后面开通"丝绸之路"引入本章节的内容。本章四个教学单元的内容紧紧围绕蚕的一生展开，里面涉及两个教学板块：科学实践、拓展与应用。科学实践主要包括以下实践活动：观察蚕卵、孵化蚕卵、怎样养好蚕、观察蚕的生长变化、观察蚕蛾、认识蚕的一生等；拓展与应用主要包括：养蚕日记、养蚕注意事项、怎样抽丝等。本章节的最后是单元回顾，主要回顾了蚕的一生以及其身体结构。

　　苏教版"昆虫的一生"内容模块关系图如图 4-6 所示。苏教版该章的内容主要分为三个教学单元：在第一个教学单元中，主要是介绍昆虫家族，如通过观察蝉、蜜蜂、蝴蝶、蚂蚁、蟋蟀、苍蝇、蚊子、螳

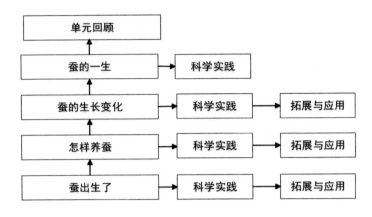

图 4-5 人教版"昆虫的一生"（第八册）

蟟、蟑螂及七星瓢虫等，找出它们的相同之处，如各有几条腿以及腿的
部位等；接着是介绍一般昆虫的基本特征，然后通过身边的材料制作昆
虫模型。第二个教学单元"养昆虫"涉及对昆虫（蚕）的饲养与观察，
主要包括：养蚕、给蚕宝宝记观察日记、养菜青虫等。第三个教学单元
主要是探索昆虫的奥秘，比如在养蚕时探究能不能用莴笋叶代替桑叶？
以及探讨与之相关的实验设计等。很明显，相对于其他版本，苏教版对
蚕的一生的内容进行了简化处理，最重要的是通过对"蚕的一生"的
学习，让学生拓展到对整个昆虫纲特点的认知。

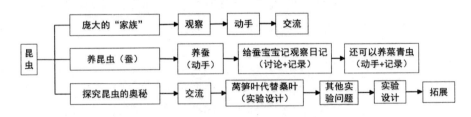

图 4-6 苏教版"昆虫的一生"（第八册）

（3）教科版、人教版和苏教版编写特点

①从教学模块规范化程度来看：教科版的每个教学单元均设计有聚

焦、探索、研讨和拓展等四大板块，具有很强的规范性；人教版的绝大部分教学单元包含科学实践、拓展与应用两大模块的内容，模块设计的规范性略低于教科版；苏教版的模块设计包括观察、思考、动手、交流、阅读、记录和拓展等，但是实际设计上每个教学单元涉及的模块并不一致，而是根据教学内容的实际需要进行模块设置。因此，从教学模块的规范性而言，教科版的教学模块设计规范性最强，人教版次之，苏教版则完全根据实际教学内容的需要进行教学模块的取舍。

②从教学内容的丰富度来看：以"植物的一生"为例，教科版小学科学教材该学期总共三个章节的教学内容，"植物的一生"就占了整个学期教学内容的三分之一，且在这一章节中设置了八个单元的教学内容，其中有七个单元包括内容拓展，总体上内容设计相当丰富；人教版小学科学教材该学期总共六个章节的教学内容，"植物的一生"占整个学期教学内容的六分之一，占比是三个版本教材中最低的；苏教版小学科学教材该学期总共有五个章节的教学内容，涉及"植物的一生"的教学内容占整个学期教学内容的五分之一，占比相对偏低。因此，仅就"植物的一生"的内容而言，教科版的教学内容最为丰富，苏教版次之，人教版相对最低。

③从内容逻辑性及难度来看：以"昆虫的一生"为例，人教版紧扣"蚕的一生"进行内容设计，在教学逻辑上紧紧围绕蚕展开，未拓展到整个昆虫或动物层面，虽然实践和拓展也是其主要的教学模块，但这里的拓展主要是针对核心内容本身的拓展，可理解为知识点的"对内拓展"，难度在三个版本教材中相对偏低。而教科版和苏教版均以"蚕的一生"为主要教学内容，在教学逻辑上教科版将"蚕的一生"拓展到"动物的一生"，苏教版则将"蚕的一生"拓展到昆虫层面。综上，虽然三个版本的教材都强调知识点的迁移，但人教版强调的主要是"对内拓展"，而在"对外拓展"方面，苏教版和教科版明显占优势；就内容难度而言，人教版难度相对较低，有利于减轻小学生的学习负担

和压力，教科版和苏教版强调内容的对外延伸和拓展，难度相对较高但有利于激发学生的科学探索精神。

④从其他特色来看：相对于教科版和苏教版，人教版具有一个典型的特色是在每个章节结束的时候都有一个单元回顾。利用单元回顾可以进行课堂知识的总结和升华本节课的内容，可以加深小学生的印象，提高课堂教学的效率。因此，人教版设计单元回顾有益于学生的学习。

可见，针对同样的学习大纲，三套教材在内容设计上还是有显著区别的：教科版内容划分最为细致，人教版其次，苏教版单元数量最少但内容最综合；人教版的内容专注度更高，拓展的并不多，而教科版和苏教版都在"植物的一生"中进行了大量的与其他植物的比较分析，苏教版甚至将这部分内容延伸到了植物资源的利用层面；人教版在本章结束专门设计了单元回顾，而教科版和苏教版则没有。

综合整套教材来看，就内容而言：教科版规范化程度最高；人教版难度较低，但特色是每章节最后有单元回顾；苏教版内容设计丰富、拓展最广。

2. 空气（物质科学）

在物质科学方面，本节内容选择了空气作为对比研究的对象。对教科版而言，空气部分内容设置在三年级上册的第二单元，这个单元包含8个小节的内容，单元的学期占比为33.33%，小节的学期占比为34.78%；对于人教版而言，空气部分内容设置在三年级下册的第三单元，这个单元包含3个小节的内容，单元的学期占比是16.67%，小节的学期占比是15.79%；对苏教版而言，空气部分内容设置在三年级上册的第一单元，这个单元包含3个小节的内容，单元的学期占比是20%，小节的学期占比是15.79%（表4-1）。

表 4-1　空气部分内容的教材对比

版本	教科版	人教版	苏教版
章节	第二单元　空气	第三单元　周围的空气	第一单元　认识空气
内容	感受空气 空气能占据空间吗 压缩空气 空气有质量吗 一袋空气的质量是多少 我们来做热气球 风的成因 空气和我们的生活	哪里有空气 空气有质量吗 空气占据空间吗	空气占据空间吗 空气有质量吗 热空气和冷空气
单元占比	33.33%	16.67%	20%
小节占比	34.78%	15.79%	15.79%
年级	三年级上	三年级下	三年级上

　　从空气部分的教学内容来看，教科版小学《科学》明显对这部分内容给予了更多的关注，几乎占据了一学期三分之一的课时，内容涵盖从空气到风等多个方面，知识层次递进清晰。相比之下，人教版和苏教版在处理空气相关内容时，均选择了简化处理。这种简化处理显然是为了更加深入地探讨其他方面的知识。由此可见，不同教材在对待相同知识点时，确实展现出了各自独特的教学姿态。

　　3. 自然资源（地球与宇宙科学）

　　在地球与宇宙科学方面，本节内容选择了自然资源作为对比研究的对象。对教科版而言，自然资源部分内容设置在五年级下册的第三单元，这个单元包含 7 个小节的内容，单元的学期占比为 25%，小节的学期占比为 25%；对于人教版而言，自然资源部分内容设置在六年级上册的第四单元，这个单元包含 4 个小节的内容，单元的学期占比是 20%，小节的学期占比是 23.53%；对苏教版而言，自然资源部分内容设置在六年级下册的第一单元，这个单元包含 4 个小节的内容，单元的学期占比是 25%，小节的学期占比是 25%（表 4-2）。

表 4-2　自然资源部分内容的教材对比

版本	教科版	人教版	苏教版
章节	第三单元　环境与我们	第四单元　自然资源	第三单元　自然资源
内容	地球——宇宙的奇迹 我们面临的环境问题 珍惜水资源 解决垃圾问题 合理利用资源 让资源再生 分析一个实际的环境问题	各种各样的自然资源 煤、石油和天然气 风能和水能 自然资源的开发和保护	多种多样的自然资源 煤、石油和天然气 开发新能源 善用自然资源
单元占比	25%	20%	25%
小节占比	25%	23.53%	25%
年级	五年级下	六年级上	六年级下

总体来看，三版小学科学对于自然资源部分内容的安排，无论是单元占比或是小节占比都比较接近，占比范围在 20%—25% 之间。教科版的更加"细化"，相对于人教版和苏教版侧重于自然资源本身，教科版则将自然资源问题与环境问题进行了充分的融合。

4. 节能小屋（技术与工程）

在技术与工程方面，房屋节能是三个版本教材都需要设计的教学内容，且进度安排在小学的高年级（表 4-3）。教科版单独设计了"小小工程师"这个章节，从认识房屋到设计模型再到对模型进行评估，逻辑顺序很清晰。人教版也单独设计了"太阳能热水器"这一个章节，目的还是阐述房屋的节能。苏教版没有在大章节中安排这个内容，而是设计了专门的"STEAM 学习"的章节来进行节能小屋的学习。

表4-3 节能小屋部分内容的教材对比

版本	教科版	人教版	苏教版
章节	第一单元 小小工程师	第五单元 太阳能热水器	STEAM 学习
内容	了解我们的住房 认识工程 建造搭台 设计搭台模型 制作搭台模型 测试搭台模型 评估改进搭台模型	认识太阳能热水器 制作简易太阳能热水器 改进与交流	节能小屋
单元占比	25%	20%	
小节占比	25%	17.65%	
年级	六年级下	五年级上	六年级下

（二）图文编排方面

小学一年级是学生正式学习的初始阶段，一年级科学教材的图文编排最能反映编著者对小学生年龄特点与认知规律的理解①。

1. 从教材封面来看，教科版中低年级封面以动植物图片为主，有四册的封面图片都选择了动植物，中高年级科学教材以学生观察（五册）与生活（一册）为主，总计六册，有两册的封面则以自然地理为主（图4-7）。人教版以动植物作为封面仅有三册，其余几乎平均分配于地理、生活、自然环境和工程机械方面（图4-8）；苏教版以动植物图片为封面的有八册，其余主要是工程技术与科技的相关图片（图4-9）。因此，单就教材封面而言，苏教版最喜欢使用动植物相关图片，教科版最喜欢使用学生观察或学生实验的图片，而人教版则各类型封面比较均衡。由此，引发一些新的科学问题待解决，如教材封面的选择是

---

① 崔青青. 中美最新小学科学课程标准比较研究［D］. 扬州：扬州大学，2018.

否对学生的学习有影响？什么样的教材封面对小学生而言更具有吸引力？

图4-7 教科版小学《科学》教材封面（1-12册）

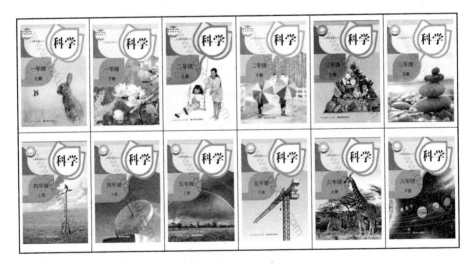

图4-8 人教版小学《科学》教材封面（1-12册）

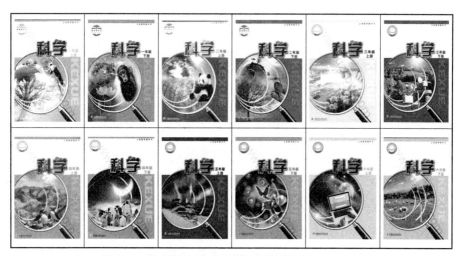

图4-9 苏教版小学《科学》教材封面（1-12册）

2. 从课本的图文编排来看，三套教材都注意了图文并茂，教材中巧妙地融入了众多色彩鲜明、富有视觉冲击力的摄影作品以及细腻生动的手绘图，这些图像以多样化的形式呈现，包括生活中的实景照片、描绘科学家的肖像画、帮助梳理知识的思维导图、解释科学原理的示意图、进行对比的对照图、营造氛围的背景图以及展示三维结构的模型图等。这些图片以独特的方式描绘了物质的形态、结构和特征变化，展现了前沿的科学技术成果，并还原了科学家的真实历史形象。相比于单纯的文字叙述，这些图片对学生的感官冲击更为强烈，能够极大地激发学生对教材的阅读热情。这种热情的激发会促使学生更加积极地探索、讨论相关的知识点，深刻感受科技文明的伟大和魅力①。当然，三套教材之间也会有明显的区别，教科版和人教版的表格相较于苏教版是明显偏少的，说明苏教版教材非常注重学生的观察与记录；教科版和人教版的表格也是彩色系列，而苏教版的表格不仅统一是黑底白字，甚至有些图

① 邵建新，田德旭. 新教科版、苏教版小学一年级科学教材比较分析［J］. 兵团教育学院学报，2018，28（06）：74-79.

片都用了黑白色，如四年级下册的骨骼部分的内容，学生可以用剪刀将各部分骨骼图片剪切下来供学习使用，这是和另外两套教材不同的地方。

3. 三套教材都注意到小学生还在识字阶段，因此给每个汉字都标注了拼音，帮助学生学习。但是，教材需要照顾到学生的接受能力，如教科版一年级上册第22页就提到了屠呦呦、疟疾、青蒿素等词语，对于一年级学生而言，无论是阅读还是理解，都过于深奥了。根据小学一年级科学老师的反馈：对于拼音还没有学全的小学生而言，尽管文字有标注拼音，实际教学中仍存在诸多困难。

综上，在图文编排上，三套教材都采用了大量精美的图片帮助学生认知和学习，苏教版中更涉及大量的观察与记录表格；三套教材为了帮助小学生认知，每个汉字都有标注拼音，但对于低年级学生而言，部分图文可能超过了其学习接受能力。

（三）课程容量方面

课程容量是教师基于教材内容，合理设计与引导学生参与的课内外教学活动的总体规模。从广义上讲，它反映了教师与学生在教学过程中的思考、交流、总结及知识获取的互动性过程，是教材对比研究的关键角度之一。它不仅展现了教材所涵盖课程内容的广度，也通过课程内容所蕴含知识点的数量来具体呈现①。

如图4-10所示，三套教材的课程容量，尤其是二级单元数量呈现以下特点：

1. 总量上，教科版最高，二级单元数量达到了260个，其次是苏教版的190个单元，最后是人教版的183个单元。如果按照一个单元一节课，整个小学期间的科学课，教科版、人教版和苏教版的理论课时量

---

① 邵建新，田德旭. 新教科版、苏教版小学一年级科学教材比较分析［J］. 兵团教育学院学报，2018，28（06）：74-79.

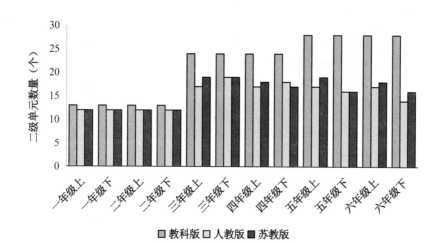

图 4-10 各版本教材二级单元数量

分别为每学期 22 课时、16 课时、16 课时。

2. 在低、中、高年级的分布上，教科版最为规范，1—2 年级每学期均为 13 个教学单元，3—4 年级每学期均为 24 个教学单元，5-6 年级均为每学期 28 个教学单元，随着年级的增加，科学课程的比重越来越大。人教版 1—2 年级均为 12 个教学单元，3—4 年级每学期的教学单元在 17—19 之间，5—6 年级每学期为 14—17 个教学单元，尤其是六年级第 2 学期，人教版的科学课的教学单元反而是中高年级中最少的。苏教版的 1—2 年级课程单元也很规范，每学期都是 12 个教学单元，3—6 年级每学期的教学单元数量很接近，在 16—19 个之间。

综上，在课程容量上，光从教学单元这一个指标来看，教科版是层层递进式，且每一层次非常规范；苏教版及人教版在教学单元设置上则有些不规则。

（四）教学逻辑方面

清晰合理的教学逻辑是课堂教学有效性的重要指标，有助于学生对教学内容的接受与理解。我们可以从知识逻辑和学科逻辑两个角度出发，深入探究不同版本教材在学生接受能力方面的适宜性。

1. 在知识逻辑层面，尤其是每个章节的单元之间，知识逻辑非常明显，常见的有自然递进关系、并列关系、包含关系等。

自然递进关系：如植物的一生中，三个版本的教材大体上都是按照种子发芽—幼苗长大—植物开花—植物结果的自然成长顺序进行知识内容的安排。

并列关系：如苏教版六年级上册的物质变化章节中：蜡烛的变化、铁钉生锈、制作汽水、化学家的研究这四个知识单元之间就是并列的关系。又比如教科版六年级下册的宇宙章节中：太阳系大家庭、八颗行星、日食、认识星座等也是并列的关系。

包含关系：如人教版六年级上册自然资源章节中：首先第一个单元介绍各种各样的自然资源，接着两个单元介绍具体的资源类型，煤、石油和天然气、风能和水能等。

2. 在学科逻辑层面：不同的教材版本在处理问题时大致包括提出问题、做出假设、制定计划、收集证据、处理信息、得出结论、表达交流、反思评价等 8 要素的科学探究过程，使学生习得相应的科学素养。但教材之间也有明显的区别：

教科版主要通过聚焦、探索、研讨、拓展来串联整个章节的内容，整个设计非常规范。人教版主要通过科学实践、拓展与应用来串联整个章节的内容。就苏教版而言：低年级学生主要通过观察、思考、动手、交流、阅读、记录和拓展来串联章节的内容，中高年级则增加了选择、注意和环保等要素。

总体来看，各版本教材在知识逻辑层面和学科逻辑层面都有明显关联之处，也有显著的联系和区别，但所有的设计都是为了尽可能契合于不同学段学生的认知规律。

第三节　小学科学教材的发展趋势与前景

随着科技的不断进步和社会对教育需求的日益提高，小学科学教育的重要性逐渐凸显。小学科学教材作为小学科学教育的重要载体，其发展趋势与前景对于培养学生的科学素养和创新精神具有重要意义。① 以下将从多个角度对小学科学教材的发展趋势与前景进行详细论述。

一、发展趋势

（一）强调对科学素养和创新精神的培养

小学科学教材的发展趋势，日益凸显出对科学素养和创新精神的高度重视。随着科技的不断进步和社会的飞速发展，培养具备科学素养和创新精神的新一代人才已成为当代教育的核心使命。在这一背景下，小学科学教材作为孩子们科学启蒙的关键载体，其发展趋势必将紧密围绕这两大目标展开。

首先，对科学素养的培养是未来小学科学教材发展所关注的重中之重。科学素养不仅仅是对科学知识的掌握，更是一种对科学方法和科学思维的理解与运用。② 因此，未来科学教材将更加注重通过设计丰富多样的科学探究活动来提升学生的科学素养。这些活动将紧密结合课程内容，旨在让学生在亲身实践中感受科学的魅力，理解科学的本质。

例如，在学习"电路"这一主题时，教材可能会设计一个制作简易手电筒的实践活动。孩子们需要亲自动手连接电路、安装灯泡和电

---

① 许友权. 中国与厄瓜多尔小学科学课程标准比较研究［D］. 扬州：扬州大学，2018.
② 孙润秀. 小学教育专业加强学生科学素养的策略［J］. 阴山学刊（自然科学），2010，24（01）：110-113.

池，最终制作出一个能发光的手电筒。在这个过程中，他们不仅可以学到电路的基本知识，更重要的是可以培养观察、实验、分析和解决问题的能力。这样的活动让孩子们对科学知识有更深刻的理解，也让他们在实践中逐渐形成科学的思维方式。

其次，注重对创新精神的培养也是未来小学科学教材发展的重要方向。在知识爆炸的时代，简单的知识传授已经无法满足社会的需求。新教材将更加注重激发学生的创新思维和创造精神，培养他们的创新意识和创新能力。为此，教材将设计一系列创新性的学习任务和挑战性的学习项目，鼓励学生在解决问题的过程中大胆尝试、勇于创新。

以环保主题为例，新教材可能会引导学生设计一个减少校园垃圾的方案。孩子们需要首先调查校园内垃圾的产生情况和种类，然后分析原因并提出具体的减少垃圾的措施。在这个过程中，他们需要充分发挥想象力和创造力，设计出既实用又环保的方案。这样的任务不仅会让孩子们对环保有更深刻的认识和理解，也会让他们在创新实践中培养创新思维和解决问题的能力。

综上，未来小学科学教材的发展将更加注重对科学素养和创新精神的培养。通过设计丰富的科学探究活动和创新性的学习任务，新教材将为学生提供更加广阔的学习和探索空间。在这样的学习过程中，孩子们不仅能够掌握科学知识、培养科学技能，更能够在实践中逐渐形成科学的思维方式和创新的精神品质。这无疑为他们未来的学习和发展奠定了坚实的基础。

（二）强化跨学科整合和实践应用

小学科学教材的发展趋势正日益凸显出跨学科整合和实践应用的重要性。随着教育理念的不断更新和课程改革的深入推进，小学科学教材将更加注重与其他学科的有机融合，以及科学知识的实际应用。

跨学科整合是未来小学科学教材的一大特色。科学本身就是一个综合性极强的领域，与数学、语文、社会、艺术等学科都有着密切的联系。新教材将打破传统学科的界限，通过设计跨学科的学习活动，让学生在多元化的学习环境中感受科学的魅力。例如，在学习生态系统时，教材可能会与语文学科相结合，引入相关的文学作品，让学生在阅读中感受自然之美，同时理解生态系统的平衡与稳定。这样的整合不仅可以丰富学习内容，还可以激发学生的学习兴趣，提高学习效果。

实践应用是未来小学科学教材的另一个重要方向。科学知识不仅仅停留在书本上，更应该应用到实际生活中去。新教材将注重设计具有实践性的学习活动，让学生在动手做的过程中体验科学的乐趣，理解科学的实用价值。例如，在学习物理学的力学原理时，教材可能会引导学生设计并制作一个小型的风车或者滑梯模型。孩子们在制作过程中需要运用所学的力学知识来解决问题，如怎样使风车转动更加灵活、怎样确保滑梯的安全稳定等。这样的实践活动不仅可以锻炼学生的动手能力，还可以让他们在实践中深刻体会到科学知识的实用性。

同时，新教材还将鼓励学生将所学的科学知识应用到日常生活中去。比如，在学习了化学中的物质变化原理后，学生可以运用这些知识来解释为什么铁会生锈、为什么食物会腐烂等现象；在学习了生物学中的植物生长条件后，学生可以尝试在家中种植一些绿色植物，并观察它们的生长过程。这样的应用不仅巩固了所学知识，还培养了学生的实践能力和创新精神。

综上，未来小学科学教材将更加注重跨学科整合和实践应用。通过设计跨学科的学习活动和具有实践性的任务项目，新教材将为学生提供更加丰富多彩的学习体验。在这样的学习过程中，孩子们不仅能够掌握科学知识、培养科学技能，还能够在实践中逐渐形成综合运用知识解决问题的能力。这无疑为他们未来的学习和发展奠定了坚实的基础。

（三）突出学生主体地位和自主学习能力

小学科学教材的发展趋势正日益向着突出学生主体地位和自主学习

能力培养的方向迈进。随着教育理念的不断更新和教学方法的改进，小学科学教材在内容设计和教学方式上都将更加注重学生的主体性和自主性。

首先，未来小学科学教材将更加注重设计自主学习任务。这些任务将不再是简单的知识传授或机械式练习，而是需要学生主动思考、积极探索的开放性任务。例如，在学习生物多样性这一主题时，教材可能会设计一个让学生自主调查校园或社区内生物种类的任务。孩子们需要亲自走进自然，观察、记录不同生物的特征和习性，最终整理成一份生物多样性的报告。这样的任务不仅可以让学生在实践中学习知识，更重要的是可以培养他们的观察力和自主学习能力。

其次，新教材将为学生提供更加丰富的学习资源和工具。除了传统的纸质教材外，还将引入数字化资源、实验器材、科普读物等多样化的学习资源。这些资源将为学生提供更加便捷、高效的学习方式，同时也能够满足不同学生的学习需求。例如，对于喜欢动手实验的学生，教材可能会提供一些可行的实验方案，让他们在实验中探究科学原理；对于喜欢阅读的学生，教材可能会推荐一些科普读物，让他们在阅读中拓宽视野。这些资源的设计都将以学生的兴趣和需求为出发点，旨在激发他们的学习热情和自主性。

除此之外，新教材将着重培养学生的自主学习能力，通过布置自主学习任务、提供学习资料等手段，引导学生积极投入学习过程，促使他们在实践中逐步建立起自主学习的观念和技能。例如，在学习地球与宇宙这一主题时，教材可能会鼓励学生自主搜集相关资料、制作 PPT 或小视频来展示他们对宇宙的认识和理解。这样的任务不仅会让学生在学习中发挥主动性，还会培养他们的信息搜集和处理能力、表达能力和合作能力等。

综上，未来小学科学教材将更加注重学生的主体地位和自主学习能力的培养。通过设计自主学习任务、提供丰富的学习资源和工具等方式来引导学生主动参与学习过程并培养他们的自主学习能力已经成为新教材的重要特点和发展趋势之一。

（四）加强知识与社会生活的联系和对学生环保意识的培养

小学科学教材的发展趋势正逐渐加强知识与社会生活的联系和对学生环保意识的培养。这一变化不仅体现了教育与时俱进的精神，更是对学生全面发展和社会责任感的一种有力引导。

首先，未来小学科学教材将更加注重知识与社会生活的紧密联系。教材将引入更多的社会热点问题，让学生在学习科学知识的同时，了解这些问题背后的科学原理和社会影响。例如，在学习能源时，教材可能会引入新能源汽车、可再生能源等社会热点话题，让学生了解这些技术的发展对环境保护和社会进步的贡献。通过这样的学习，学生不仅能够掌握科学知识，还能够培养关注社会、关心人类生存环境的意识。

同时，新教材还将鼓励学生将所学的科学知识应用到社会生活中去。例如，在学习了生物学中的生态平衡原理后，学生可以运用这些知识来分析城市绿化、垃圾分类等社会问题，提出自己的见解和建议。这样的应用不仅巩固了所学知识，还培养了学生的社会实践能力和创新精神。

其次，对学生环保意识的培养也是未来小学科学教材发展的重要方向。环境问题愈发严重，培养具有环保意识的新一代人才已成为当务之急。新教材将注重通过科学教育来培养学生的环保意识，让他们从小养成保护环境的良好习惯。

例如，在学习环境保护这一主题时，教材可能会设计一系列实践活动，如垃圾分类、节能减排等。孩子们需要在实践中了解这些活动的意义和方法，逐渐形成环保的生活方式。同时，教材还将引入一些环境问题的案例，如气候变化、水资源短缺等，让学生在分析中了解环境问题的严重性和解决方法的紧迫性。这样的教育内容不仅让学生学到了知识，更培养了他们的环保意识和责任感。

综上所述，未来小学科学教材将更加注重知识与社会生活的联系和对学生环保意识的培养。通过引入社会热点问题和环境问题、鼓励学生将所学知识应用到社会生活中去，以及培养环保意识等方式来引导学生关注社会现象、关心人类生存环境并培养他们的社会责任感和环保意识，这已经成为新教材的重要特点和发展趋势之一。

（五）利用现代科技手段丰富教材的内容与形式

小学科学教材的发展趋势正日益与现代科技手段紧密结合，利用这些先进技术丰富教材内容与形式，为学生提供更加生动、有趣的学习体验。

现代科技手段如虚拟现实技术、增强现实技术等，为小学科学教材的创新提供了无限可能。例如，虚拟现实技术可以为学生打造一个完全沉浸式的科学探究环境。[1] 在学习生物多样性时，学生可以通过虚拟现实工具，进入一个虚拟的自然生态系统中。在这里，他们可以亲自观察不同种类的动植物，了解它们的生长环境、生活习性以及相互之间的关系。这种身临其境的学习方式不仅能够激发学生的学习兴趣，还能够让他们更加深入地理解生物多样性的重要性和保护意义。

增强现实技术是小学科学教材创新的重要手段之一。通过增强现实技术，学生可以在现实世界中看到虚拟的信息和图像，从而更加直观地理解科学知识。例如，在学习地球结构时，学生可以使用增强现实设备观察一个虚拟的地球模型，了解地球的内部结构、板块运动等知识。这样的学习方式不仅让知识变得更加立体、生动，还提高了学生的空间想象能力和理解能力。

除了虚拟现实和增强现实技术外，互动性的学习平台也是未来小学

---

[1] 董艳，和静宇，徐唱等 . STEM 教师信息素养的情境化分析与发展策略 [J]. 中国电化教育，2020，(08)：70-77.

科学教材发展的重要方向之一。这些平台可以为学生提供在线学习、合作学习、自主学习等多种学习方式。例如，学生可以在平台上进行在线实验、模拟探究等活动，与同学们分享自己的发现和心得；教师也可以通过平台发布学习任务、组织在线讨论等，引导学生进行深度学习。这样的学习平台不仅突破了时间和空间的限制，还让学生在学习过程中获得了更多的互动和反馈机会。

综上所述，未来小学科学教材将充分利用现代科技手段丰富教材内容与形式。通过引入虚拟现实技术、增强现实技术等先进技术以及开发互动性的学习平台等方式来创新教材内容和形式已经成为新教材发展的重要趋势之一。这些现代科技手段的运用将使教材内容更加生动、有趣，并提高学生的学习效果。同时，也为小学科学教育的创新和发展注入了新的活力和动力。

二、前景展望

（一）教材体系日益完善与多样化

小学科学教材正呈现出日益完善与多样化的趋势。随着教育理念的不断更新和科技的不断进步，小学科学教材作为科学教育的重要组成部分，正经历着前所未有的变革和创新。

未来，小学科学教材体系将更加注重多样性和差异化。不同版本的教材将根据不同地区、不同学校的需求进行有针对性的设计，以满足学生的个性化需求。这种差异化设计不仅体现在教材内容的选择和编排上，还将体现在教材形式的创新和多样化上。

以教材内容为例，未来的小学科学教材将更加注重实践性和探究性。教材内容将更多地以问题为导向，引导学生通过观察、实验、推理等方式自主探究科学知识。同时，教材还将注重跨学科整合，将科学知识与其他学科知识有机融合，培养学生的综合素养和解决问题的能力。

在教材形式方面，未来的小学科学教材将更加注重数字化和互动性。随着科技的不断发展，数字化教材将成为主流。这种教材不仅便于学生随时随地学习，还能提供丰富的多媒体资源和互动功能，让学生的学习体验更加生动有趣。同时，教材还将注重与学生的互动和反馈，通过在线测试、学习记录等方式及时了解学生的学习情况，为个性化教学提供支持。

例如，某地区的小学科学教材可能会根据当地的自然环境和文化特色进行设计。教材中可能会引入当地的动植物种类、地质地貌等内容，引导学生通过实地考察和探究来了解家乡的自然环境。同时，教材还会结合当地的文化传统和民俗习惯，设计一些富有特色的探究活动，让学生在探究科学知识的同时，也能了解和传承本土文化。

总之，未来小学科学教材的前景展望是充满希望和机遇的。随着教育理念的不断更新和科技的不断进步，小学科学教材体系将日益完善与多样化，为培养学生的科学素养和创新能力提供更加全面、个性化的支持。我们相信，在未来的科学教育中，小学科学教材将发挥更加重要的作用，为学生的全面发展奠定坚实的基础。

（二）教材内容更加贴近实际生活与社会需求

小学科学教材的前景展望中，一个显著的趋势是教材内容将更加贴近实际生活与社会需求。这一变化不仅体现了教育与时俱进的精神，更是对学生全面发展和社会责任感的一种有力引导。

未来的小学科学教材，将更加注重从生活中汲取教学素材，将科学知识与日常生活紧密相连。例如，在学习物理学的力学原理时，教材可能会引入孩子们在操场上玩耍时推搡、跑步等场景，让他们通过亲身体验来理解力的作用。在学习化学变化时，教材可能会引导孩子们观察食物烹饪过程中的化学变化，如水的沸腾、食物的变色等，让他们在实际操作中领悟科学原理。

此外，教材还将关注社会发展的趋势和需求，及时调整和更新内容。随着科技的飞速发展，环境问题、能源问题、健康问题等日益凸显，这些都与科学息息相关。因此，未来的小学科学教材将更加注重引入这些社会热点问题，让学生在学习科学知识的同时，了解这些问题背后的科学原理和社会影响。例如，在学习能源时，教材可能会引入新能源汽车、可再生能源等社会热点话题，让学生了解这些技术的发展对环境保护和社会进步的贡献。

同时，教材还将鼓励学生将所学的科学知识应用到实际生活中去。例如，在学习了生物学中的健康饮食原理后，学生可以运用这些知识来分析自己家庭的饮食习惯是否健康，提出改进建议。这样的应用不仅巩固了所学知识，还培养了学生的社会实践能力和创新精神。

以某版小学科学教材为例，该教材在编写过程中深入调研了学生的生活实际和社会需求，大量引入了生活中的科学现象和问题。在学习植物的生长过程时，教材引导学生观察自家阳台上的花草生长情况，记录生长数据并进行分析。这样的设计让学生在实际操作中感受到了科学知识的魅力，同时也培养了他们的观察力和实践能力。

综上所述，未来小学科学教材内容将更加贴近实际生活与社会需求已经成为一种必然趋势。这样的教材不仅能够激发学生的学习兴趣和动力，还能够培养他们的社会责任感和创新精神。同时这也对教材编写者提出了更高的要求。他们需要不断地更新教育观念，深入调研学生的生活实际和社会需求，以确保教材内容的时效性和实用性。

（三）教材形式更加生动、有趣，互动性强

小学科学教材的编写与呈现形式正迈向一个更加生动、有趣且互动性强的新时代。随着科技的迅猛发展，特别是现代科技手段在教育领域的广泛应用，小学科学教材的形式正在经历一场深刻的变革。

首先，虚拟现实（VR）和增强现实（AR）技术将为小学科学教材带来革命性的改变。这些先进技术能够为学生打造一个身临其境、仿若真实的科学探究环境。想象一下，学生们戴上 VR 头盔，瞬间就能进入一个充满奇幻色彩的科学世界。在这个世界里，他们可以亲自观察微观世界中的细胞分裂，或是探索浩瀚宇宙中的星系运行。这种沉浸式的学习体验将极大地激发学生的好奇心和探索欲望。

而增强现实技术则能将虚拟信息融入现实世界中，为学生们带来更加直观、生动的科学学习体验。例如，通过手机或平板电脑上的 AR 应用，学生们可以实时观察虚拟的 3D 模型，了解复杂科学现象的工作原理。这种寓教于乐的学习方式将使学生们更加积极地投入科学学习中去。

除了虚拟现实和增强现实技术外，互动性的学习平台也将成为未来小学科学教材的重要组成部分。这些平台将为学生们提供一个在线的、合作的学习环境，让他们能够随时随地与同学们一起进行科学探究和学习交流。在这个平台上，学生们可以分享自己的实验成果、讨论科学问题、参与在线挑战等，形成一个充满活力的学习氛围。

同时，这些互动性的学习平台还将利用大数据和人工智能技术来分析学生的学习情况和需求，为他们提供个性化的学习建议和反馈。这将有助于学生们更好地掌握科学知识，提升学习效果。

值得一提的是，现代科技手段的运用并不意味着完全摒弃传统的教材形式。相反，未来的小学科学教材将更加注重传统与现代相结合的设计理念。例如，在纸质教材中融入二维码等互动元素，引导学生们通过扫描二维码来观看相关的实验视频或 3D 模型等。这种跨媒体的教材设计将使学生们在学习过程中享受到更加丰富多样的学习资源和学习方式。

综上所述，未来小学科学教材形式将更加生动、有趣且互动性强是一个不可逆转的趋势。随着现代科技手段的不断发展和普及，以及教育理念的不断更新和完善，我们相信未来的小学科学教材一定能够为学生们带来更加精彩纷呈的科学学习体验。

（四）教材评价更加科学、客观与全面

在关于小学科学教材的前景展望中，一个值得关注的方面是教材评价体系的不断完善。随着教育理念的进步和科技手段的发展，未来小学科学教材的评价将趋向更加科学、客观与全面，确保教材内容与形式能够紧密贴合学生的实际需求，促进他们的全面发展。

首先，教材评价将从多个角度进行综合评估。内容的质量无疑是评价的核心，它包括知识点的准确性、前沿性，以及与实际生活的联系程度等。此外，教材的结构是否合理，是否能够循序渐进地引导学生从易到难地掌握科学知识，也将成为评价的重要标准。同时，与学生的适应性也是一个不可忽视的评价维度，它要求教材在内容难度、呈现方式等方面都能符合学生的认知水平和学习习惯。

其次，未来小学科学教材的评价还将更加注重学生的反馈和意见。学生是教材的直接使用者，他们对教材的感受和体验最具有发言权。因此，在评价过程中，将积极收集学生的反馈意见，了解他们对教材内容的兴趣程度、对教材形式的接受程度以及在学习过程中遇到的困难和挑战等。这些宝贵的第一手资料将为教材的修订和改进提供重要依据。

此外，为了保证评价的客观性和全面性，未来小学科学教材的评价还将引入第三方评估机构和专业人士的意见。这些机构和专业人士将运用科学的方法和手段对教材进行全面深入的分析和评估，为教材的改进和发展提供专业化的建议和指导。

综上所述，未来小学科学教材评价将更加科学、客观与全面是一个必然趋势。这不仅有助于提升教材的质量水平和适用性，还能促进学生的全面发展和科学素养的提升。同时，这也对教材编写者和教育工作者提出了更高的要求，他们需要不断地更新教育观念，关注学生的发展需求，以确保教材评价的时效性和有效性。

（五）教材使用范围逐渐扩大与国际化程度提高

在对小学科学教材的前景展望中，一个引人注目的趋势是教材使用范围的逐渐扩大与国际化程度的提高。这不仅体现了全球教育交流的日益频繁，也反映了小学科学教育在培养具有国际视野和跨文化沟通能力的人才方面的重要作用。

随着国际交流的加强，不同国家和地区的小学科学教材编写者开始相互借鉴和学习。他们通过参加国际会议、研讨活动和教育展览等途径，深入了解其他国家和地区的科学教育理念、教材内容和教学方法。这种跨文化的交流为教材编写者提供了更广阔的视野和更丰富的资源，推动了全球小学科学教育的创新与发展。

在这个过程中，各国和各地区的小学科学教材逐渐形成了相互补充、共同发展的良好格局。一些具有先进教育理念和实践经验的教材被其他国家和地区引进，成为当地小学科学教育的重要参考。同时，一些具有地域特色和文化底蕴的教材也通过国际交流平台走向世界，为全球小学科学教育的多元化发展贡献了力量。

教材的国际化程度提高还体现在对全球化背景下学生多元文化需求的适应上。随着全球化进程的加速，学生接触到的信息和文化日益丰富多元。为了满足学生的多元文化需求，小学科学教材在内容选择和呈现方式上更加注重多样性和包容性。一方面，教材积极引入世界各地的科学文化成果，让学生了解不同国家和地区的科学发展历程和贡献；另一方面，教材也注重反映当地的社会文化背景和学生的实际生活，帮助学生在全球视野下认识和理解科学。

此外，国际合作项目的开展也为小学科学教材的国际化提供了有力支持。一些国际组织和教育机构通过合作项目，促进不同国家和地区之间的教育资源共享和教材互译，推动全球小学科学教育的协同发展。这些合作项目不仅提高了教材的国际化程度，也为教师提供了更多学习和交流的机会，提升了他们的专业素养和国际化能力。

综上所述，未来小学科学教材的使用范围将逐渐扩大与国际化程度提高是一个不可逆转的趋势。这不仅有助于推动全球小学科学教育的创新与发展，也有助于培养具有国际视野和跨文化沟通能力的人才。同时，这也对教材编写者和教育工作者提出了更高的要求，需要他们不断更新教育观念、拓宽国际视野、提升专业素养和国际化能力，以适应全球化背景下小学科学教育的新挑战和新机遇。

第五章

资源环境教育的理论与实践

第一节　资源环境教育的概念与内涵

资源环境教育是以解决环境问题、实现可持续发展为目标，以提高人们的环境意识和有效参与能力、普及环境保护知识与技能、培养环境保护人才为任务，以教育为手段而展开的一种社会实践活动过程。在中小学应进行环境保护和可持续发展教育，使学生从小习得有关知识和技能，并逐步转化为态度和价值观。

一、资源环境教育的定义与特点

（一）资源环境教育的定义

目前，在社会认知上资源环境教育几乎等同于环境教育，实际上资源环境教育相对于环境教育而言，还强调了资源可持续利用的内容。资源环境教育，作为一种综合性的教育理念和实践活动，深刻地反映了人类与资源利用、环境保护之间复杂而紧密的联系。它不仅致力于传递关于资源环境的知识，更在于培育一种对资源利用、环境保护和可持续发展的价值观念。在这个全球生态环境日益受到关注的时代，资源环境教育的重要性不言而喻。

　　首先，资源环境教育关注的是人类与资源环境之间的双向互动关系。这种关系既体现在人类对资源可持续利用上，也体现在环境与人类生存和发展的相互作用上。例如，随着工业化的推进，人类活动排放的大量污染物对空气质量、水体质量和土壤健康等自然资源造成了严重破坏，进而影响到人类的健康和生存。反过来，环境的变化，如极端气候事件的增多、生物多样性的减少等，也对人类的社会和经济活动产生了深远影响。资源环境教育正是通过揭示这种互动关系，引导人们认识到自身行为对资源环境的影响，并思考如何调整行为以实现人与环境的和谐共生。

　　其次，资源环境教育的目标在于解决环境问题和推动经济可持续发展。面对日益严峻的环境挑战，如气候变化、生物多样性丧失、资源枯竭等，资源环境教育通过提高人们的环境意识和参与能力，激发社会各界共同应对环境问题的行动。例如，通过资源环境教育，人们可以了解到节能减排、垃圾分类、绿色出行等环保行为的重要性，并积极参与环保行动。同时，资源环境教育也强调可持续发展的理念，鼓励人们在满足当前需求的同时，不损害后代人满足其需求的能力。

　　再次，资源环境教育在提升公众环境意识、普及环保知识与技能以及培养环保人才方面发挥着重要作用。通过资源环境教育，人们可以树立正确的资源利用和环境价值观，认识到自身在资源环境保护中的责任和义务。同时，资源环境教育还可以提供必要的环保知识和技能，使人们能够有效地参与环保行动。例如，通过资源环境教育，人们可以学习如何减少生活垃圾的产生、如何进行垃圾分类和回收、如何节约能源等资源环境保护方面的实用知识和技能。此外，资源环境教育还致力于培养专业的环保人才，这些人才将在未来的环保事业中发挥关键作用，推动环保技术的进步和环保政策的完善。

　　最后，资源环境教育是一种多元化的社会实践活动。它不仅包括学校教育中的环境课程和教学，还包括各种形式的社会实践活动和社区参与。例如，学校可以组织学生参加环保主题的社区服务活动，如清理河道垃圾、植树造林等，让学生在实践中体验环保的重要性并培养环保行为习惯。同时，社区也可以开展各种环保宣传和教育活动，如环保知识讲座、环保主题展览等，提高社区居民的环保意识和参与能力。

综上所述，资源环境教育是一种以人类与资源环境的关系为核心而进行的全面的、多元化的教育活动。它旨在提高人们的环境意识、普及环保知识与技能、培养环保人才并推动可持续发展。[①] 在这个过程中，资源环境教育不仅传递知识，更引导价值观和行为规范，为构建一个美好的生态环境和可持续发展的社会贡献力量。

（二）资源环境教育的特点

1. 跨学科性

资源环境教育，作为一种融合了多元学科视角的教育形式，其跨学科性特征尤为显著。这一特征既表现在教育内容对多个学科知识的综合应用上，也体现在教育方法和实践活动的多样性上。

首先，从教育内容来看，资源环境教育涉及地理学、生态学、社会学等多个学科领域的知识体系。在处理复杂的资源环境问题时，单一学科的知识往往难以应对，需要借助多学科的理论和方法进行综合分析。例如，在探讨城市可持续发展问题时，我们不仅需要从地理学的视角来分析城市空间布局和土地利用情况，还需要用生态学知识来评估城市生态系统的健康状况和生态服务功能，同时社会学理论也能帮助我们理解城市社会结构、人口动态以及公众对可持续发展的认知和态度。因此，资源环境教育的内容设计往往融合了多个学科的核心概念和理论框架，旨在培养学生的跨学科思维能力和综合解决问题的能力。

---

① 宋洁. 以环境教育为契机的可持续发展人才培养策略 [J]. 教育教学论坛, 2018, (04)：18-20.

其次，从教育方法和实践活动来看，资源环境教育的跨学科性也体现得淋漓尽致。由于资源环境问题具有复杂性和多样性，解决方法也因此变得多样化。在教育实践中，教师们常常采用项目式学习、案例分析、田野调查等多样化的教学方法，鼓励学生从多个学科角度入手，综合运用所学知识去分析和解决实际问题。例如，在一项关于农村水资源管理的项目中，学生们可能需要结合地理信息技术来分析水资源的空间分布特征，运用生态学原理来评估不同水资源管理方案对生态系统的影响，同时还要考虑社会学因素，如当地居民的用水习惯和需求等。这样的项目式学习不仅能锻炼学生的实践能力和团队合作精神，还能培养他们从不同学科视角审视问题的习惯。

为了进一步说明资源环境教育的跨学科性在实际应用中的价值，我们可以举一个具体的案例。假设某地区近年来频繁发生森林火灾，给当地生态环境和居民生活带来了严重影响。为了应对这一问题，当地政府和教育机构共同发起了一项资源环境教育项目。在这个项目中，教育工作者们首先运用地理学和气候学的知识来分析火灾发生的自然因素，如地形、气候和植被类型等；接着运用生态学原理来评估火灾对森林生态系统的长期影响；同时还借助社会学方法来了解当地居民对火灾的认知和防火意识。基于这些分析，他们设计了一系列有针对性的教育活动，包括防火知识讲座、实地考察、模拟演练等，旨在提高公众的防火意识和应对能力。通过这个案例我们可以看到，资源环境教育的跨学科性不仅有助于深入分析问题成因和影响机制，还能为制定有效解决方案提供科学依据。

综上所述，资源环境教育的跨学科性特征体现在其内容的综合性和方法的多样性上，并通过具体的教育实践活动得以贯彻落实。这种跨学科性不仅有助于培养具备综合素质和创新能力的人才来应对复杂的资源环境问题挑战，还能为推动社会的可持续发展提供有力支持。

2. 实践性

资源环境教育，以其独特的实践性特质，在众多教育形式中脱颖而出。它强调的不仅仅是对理论知识的传授，更是对实践活动的深度融入和重视。通过实践活动，学生得以亲身感受环境问题的紧迫性，同时在实践中锻炼解决问题的能力，进而深化对资源环境教育核心理念的理解。

资源环境教育的实践性体现在多个层面。首先，它鼓励学生走出教室，深入自然，通过亲身体验来直观感知环境问题。以一次针对城市绿化的考察为例，学生们被带领到城市的各个角落，观察不同区域的绿化状况。他们亲手测量树木的尺寸、记录植被的种类，甚至参与绿化工程的规划和实施。这样的实践活动不仅让学生们对城市绿化有了更直观的认识，还激发了他们对环境保护的热情。

其次，实验教学在资源环境教育中占据着举足轻重的地位。通过实验，学生们能够亲手操作，深入探究环境问题的成因和解决方案。例如，在一项关于垃圾分类的实验中，学生们被要求自行设计实验方案，测试不同垃圾处理方式的效果。他们亲手收集垃圾、进行分类处理，并记录实验数据。这样的实验教学不仅锻炼了学生们的动手能力，还培养了他们的科学探究精神。

此外，资源环境教育还积极倡导学生参与环保实践活动。这些活动形式多样，包括环保志愿者活动、环保主题的社会实践等。例如，在一次以"减少塑料污染"为主题的环保实践活动中，学生们自发组织起来，向社区居民宣传减少使用塑料的重要性，并引导他们采取实际行动减少塑料垃圾的产生。这样的实践活动不仅让学生们亲身参与环保行动，还培养了他们的团队合作精神和社会责任感。

为了进一步说明资源环境教育的实践性特点，我们可以再看一个具体的案例。某学校开展了一项以"节能减排"为主题的资源环境教育活动。在活动中，教师首先通过讲座和展示向学生介绍了节能减排的重要性和方法。然后，教师组织学生进行家庭能源消耗调查，让他们了解家庭能源消耗的状况并提出节能减排的建议。接着，教师引导学生开展节能减排实验，比如制作太阳能热水器、设计节能灯具等，让他们在实践中掌握节能减排的技术和方法。最后，教师鼓励学生将所学知识应用到实际生活中，比如在家中实施节能减排措施、宣传节能减排理念等。通过这个案例，我们可以看到资源环境教育的实践性特点使得学生在亲身体验中深入理解了节能减排的重要性，并掌握了相关的知识和技能。

综上所述，资源环境教育的实践性特点体现在鼓励学生亲身体验、注重实验教学以及倡导学生参与环保实践活动等多个方面。这些实践活动的开展不仅有助于学生深入了解环境问题并积极探索解决方案，还培养了他们的环保意识、动手能力和社会责任感。这种注重实践的教育方式对于培养具备综合素质和创新能力的人才具有重要意义。

3. 全球性

资源环境教育，作为当今时代的重大议题，早已超越了单一的学科或教育理念的范畴，而升华为全球性的关注焦点。在这个合作紧密的世界中，资源的稀缺性与环境的脆弱性已然成为各国乃至全球可持续发展之路上难以回避的挑战。因此，资源环境教育的重要性不是局限于某个国家或地区，而是关乎整个人类社会的未来命运。

资源环境教育的全球性特质在多个维度上得以体现。首先，环境问题的全球性不言自明。无论是影响深远的气候变化、日益严峻的水资源危机，还是不断加剧的土地退化和生物多样性丧失，这些问题均超越了国界限制，对全球生态系统构成严重威胁。例如，亚马孙雨林的砍伐不仅关系到当地生态系统的存亡，更会通过影响全球气候模式而对世界各地产生连锁反应。

其次，资源环境教育在寻求解决方案时亦需全球协作精神。鉴于环境问题的复杂性和跨国性，任何孤立无援的努力都显得杯水车薪。唯有通过国际合作、资源共享和技术交流，方能探寻出行之有效的解决之道。例如，在应对全球海洋塑料污染问题时，各国需要携手合作，共同制定减少塑料生产和使用的国际标准，并推动清洁海洋行动的有效落实。

最后，资源环境教育所追求的目标和愿景具有全球共通性。实现可持续发展已成为全球社会的共同愿景，而这需要在教育、经济、社会等诸多领域进行全方位的转型与升级。资源环境教育作为培育可持续发展理念和实践能力的关键途径，其全球性的使命与担当不言而喻。

以全球能源转型教育为例，我们可以进一步洞悉资源环境教育全球性特点的实际应用。随着全球能源结构的持续优化和可再生能源的快速发展，能源转型已成为应对气候变化和资源枯竭等全球性挑战的重要举措。在这一背景下，各国纷纷将能源转型教育纳入国家战略体系，旨在培养具备新能源知识和技能的专业人才。这些教育活动不仅覆盖各个教育阶段，还涉及政府、企业、科研机构等多个利益相关方。通过国际合作与交流，各国共同分享能源转型的最佳实践和经验教训，从而推动全球能源体系的可持续发展。

综上所述，资源环境教育的全球性特点体现在环境问题的全球性、解决方案的全球协作性以及目标和愿景的全球性等多个层面。这些特点要求我们必须拓宽视野、加强合作，不仅要关注本国或本地区的环境问题和教育需求，还要积极参与全球环境治理和教育合作，共同致力于构建一个可持续的美好未来。

4. 终身性

资源环境教育，这一关乎人类与地球未来的教育形式，深刻地体现了终身学习的核心理念。它强调人们在不同生命阶段都应持续接受环境教育，以提升环保意识并增强解决环境问题的能力。

资源环境教育的终身性首先源于环境问题的长期性和复杂性。这些问题非一日之寒，亦非一蹴而就所能解决，它们需要几代人，甚至几十代人的不懈努力。同时，随着科技的日新月异和社会的不断发展，环境问题也在持续演变，变得更加错综复杂。这就要求我们始终保持学习的姿态，不断更新和扩充自己的知识库，以应对不断变化的环境挑战。

此外，资源环境教育的终身性还体现在其教育对象的广泛性上。这种教育不仅针对在校学生，而是面向所有社会成员。无论身处何种职业、拥有怎样的身份，我们都需要接受资源环境教育，培养自己的环保意识和实践能力。这种广泛的教育对象也进一步凸显了资源环境教育终身性的重要性。

以一位名叫小王的环保工作者为例，我们可以更具体地理解资源环境教育的终身性。小王在学生时代就深受环保理念的熏陶，积极参与各种环保活动。毕业后，他选择从事环保工作，始终致力于研究和解决环境问题。然而，他并没有止步于此，而是持续学习，不断更新自己的环保知识和技能。当他发现一种新的环保技术时，他立即学习并将其应用到实际工作中，取得了显著的效果。正是因为这种终身学习的理念和实践，小王在环保领域取得了不俗的成就。

综上所述，资源环境教育的终身性是由环境问题的长期性、复杂性以及教育对象的广泛性所共同决定的。这种特点要求我们始终保持学习的热情和动力，不断更新和提升自己的环保知识和技能。同时，我们也应将这种终身学习的理念贯穿于日常生活的方方面面，始终关注环境问题，积极参与环保行动，为构建人与自然和谐共生的美好未来贡献自己的力量。

二、资源环境教育的内涵

资源环境教育不仅是传授知识和技能，更是通过系统的教育活动，全方位地提升个体对资源环境的认知与责任感。这包括唤醒人们的环境意识，培养人们对自然环境的关怀之心，指导人们掌握解决环境问题的具体知识和技能，以及树立正确的环境价值观和伦理观。通过这些教育活动，我们期望个体能够在日常生活中实践这些理念，从小事做起，为环境保护贡献力量，最终实现人类活动与环境的和谐共存。资源环境教育的内涵更侧重于个体的认知与行动。

1. 唤醒人们的环境意识与关怀

资源环境教育在当今社会中占据着举足轻重的地位，其根本宗旨在于唤醒人们内心深处的环境意识与关怀。这种唤醒并非简单的知识传授，而是一种深刻的情感触动和行为引导，旨在让我们共同面对日益严重的环境挑战，守护这颗蓝色星球的美好未来。

环境意识，是对我们与自然环境关系的深刻反思。资源环境教育通过各种渠道，让我们意识到过度开采、污染排放等行为对环境的破坏性影响。它用数据和事实揭示出环境问题的严重性和紧迫性，让我们无法再对这些问题视而不见。

同时，资源环境教育也让我们认识到自己在环境保护中的责任和作用。它鼓励我们从小事做起，从日常生活和工作中践行环保理念。例如，通过节能减排、垃圾分类、绿色出行等方式，我们每个人都能为环境保护贡献自己的一份力量。

除了激发环境意识外，资源环境教育还注重培养我们对自然的热爱和敬畏之情。它通过各种形式的体验活动，让我们亲身感受自然的神奇与美丽。比如，组织户外探险、观赏自然纪录片、开展生态体验课程等，这些活动让我们重新发现自然的价值和魅力，从而更加珍惜和保护自然环境。

以某中学为例，该校开展了一系列富有创意的资源环境教育活动。他们利用校园内的空地建立了一个小型生态园，学生们亲手种植蔬菜、养护花草，亲身体验与自然和谐共生的乐趣。此外，学校还定期组织学生前往附近的自然保护区进行实地考察，让学生们亲眼看见生态环境的脆弱性和保护的重要性。这些活动不仅增强了学生们的环保意识，也让他们更加热爱和珍惜自然环境。

综上所述，资源环境教育在唤醒人们的环境意识与关怀方面发挥着至关重要的作用。它通过深刻揭示环境问题的严重性、激发我们的责任感和使命感，以及唤起对自然的热爱和敬畏之情，引导我们共同为环境保护贡献力量。这种唤醒不仅是认知上的提升，更是情感上的触动和行为上的转变，为我们共同应对环境问题、建设美好家园提供了坚实的思想基础和行动支持。

2. 协助人们掌握解决环境问题的知识和技能

资源环境教育，作为一种致力于促进人类与自然环境和谐相处的教育理念，不仅着重于提升公众的环境意识，更关键的是它强调帮助人们获得解决环境问题的实际知识和技能。这种教育理念的实施，使得每一个个体都能积极参与环保事业，成为推动环境改善的重要力量。

在当今这个环境问题日益严重的时代，从全球气候变化到地区性的水资源危机，从生物多样性的减少到土地的持续退化，这些问题的应对和解决都需要人们掌握专业的知识和技能。资源环境教育正是为了回应这一迫切需求而发展起来的。它通过整合多学科的知识和方法，为人们提供了系统的学习和实践平台。

以能源利用为例，资源环境教育不仅介绍传统能源的使用以及弊端，还着重讲解可再生能源的开发和应用。人们可以学习到如何评估不同能源的环境影响，如何设计和实施节能措施，以及如何在日常生活中实践低碳生活。这种知识和技能的学习，使得人们能够在面对能源问题时做出明智的决策，为减缓气候变化贡献自己的力量。

除了专业知识外，资源环境教育还注重培养人们的实践能力和创新思维。它鼓励人们将理论知识应用到实际环境问题的解决中，通过案例分析、实地考察、模拟实验等方式，提高人们解决问题的能力。同时，它也倡导人们以创新的视角看待环境问题，勇于尝试新的解决方案和技术。

以某城市的空气污染治理为例，该城市长期受到工业排放和交通拥堵导致的空气污染困扰。为了改善空气质量，当地政府和教育机构共同推出了资源环境教育计划。他们不仅向公众普及空气污染的危害和成因，还提供了空气污染监测和评估的专业培训。在此基础上，他们引导市民参与空气质量改善项目的设计和实施，如推广公共交通、建设绿色出行设施、优化工业布局等。通过这些教育和实践活动，该城市的空气质量得到了显著改善，市民的环保意识和技能也得到了有效提升。

综上所述，资源环境教育在提升人们环境意识的同时，更强调协助人们掌握解决环境问题的知识和技能。① 这种教育理念的实施有助于培养具备环保素养和实践能力的人才，为推动社会的可持续发展和构建人与自然和谐共生的未来奠定坚实的基础。

3. 培养正确的环境价值观与伦理观

资源环境教育，这一关注人与自然和谐共生的教育理念，其深远意义在于塑造人们正确的环境价值观与伦理观。这种教育不仅仅停留在对环境问题的认知层面，更致力于引导人们在思想和行为上发生深刻的转变，以真正实现人与自然的和谐共生。

在资源环境教育的理念中，自然被赋予了丰富的价值和尊严。它不仅是人类生存和发展的物质基础，还为人类提供了宝贵的生态服务和文化滋养。因此，尊重自然、顺应自然、保护自然成了资源环境教育的核心理念。这种价值观的转变，要求人们在处理与自然的关系时，摒弃传统的征服和掠夺思维，转向更加谦逊、合作与共赢的态度。

为了培育这种正确的环境价值观，资源环境教育在内容和形式上进行了多样化的探索和实践。在教育内容上，它注重展现自然的奥秘与美丽，让人们深刻领悟到自然的独特价值和不可替代性。同时，通过揭示环境问题的严重性和紧迫性，资源环境教育激发了人们对自然的敬畏和保护之情。

---

① 杨晶. 中小学专题教育实施策略研究：以中小学环境教育实施为例 [D]. 曲阜：曲阜师范大学，2009.

　　在教育方式上，资源环境教育强调亲身体验和实践参与。通过组织户外活动、生态考察和环保实践等丰富多彩的教育活动，让人们亲身感受大自然的魅力和力量，从而在情感上与自然建立深厚的纽带。这种情感联系使得人们在面对环境问题时，能够更加坚定地站在保护自然的一方，积极行动起来。

　　除了培养正确的环境价值观外，资源环境教育还注重引导人们树立绿色、低碳、循环的消费观和发展观。在现代社会的消费和发展模式中，过度消费和盲目扩张给环境带来了巨大的压力。为了改变这一现状，资源环境教育积极倡导可持续的消费方式和发展路径。它鼓励人们选择环保、节能、可再生的产品，减少一次性用品的使用，提倡垃圾分类和回收利用。同时，在经济发展方面，资源环境教育强调经济的可持续发展和社会的全面进步，反对以牺牲环境为代价的短期行为。

　　以某城市的绿色出行项目为例，该城市通过资源环境教育引导市民转变出行方式，减少私家车使用，增加公共交通、自行车和步行等低碳出行方式。政府和教育机构联合开展了广泛的宣传活动，包括环保知识讲座、低碳出行体验活动、公共交通优惠政策等。这些举措激发了市民的环保意识和行动热情，绿色出行逐渐成为该城市的新风尚。通过这种方式，不仅减少了交通拥堵和空气污染，还提升了市民的健康水平和生活质量。

　　综上所述，资源环境教育通过培养人们正确的环境价值观和伦理观，引导人们在处理与自然的关系时采取更加和谐、可持续的方式。这种教育理念的实施不仅有助于解决当前的环境问题，还为构建人与自然和谐共生的未来社会奠定了坚实的基础。

　　4. 实现人类与环境的和谐发展

　　资源环境教育，作为一种涵盖多个领域的综合教育理念，其核心追求是实现人类与环境的和谐共生。这种和谐状态并非简单的双方共存，而是一种深层次、多维度的相互依存与共同演进。资源环境教育致力于通过系统的教学和引导，使人们从思想到行动都发生根本性转变，进而促进人与自然的共生共荣。

在现代社会背景下，工业化、城市化的迅猛进程加剧了人类与环境之间的紧张关系。环境污染、生态破坏和资源耗竭等问题层出不穷，严重威胁着人类的生存和发展。资源环境教育正是针对这些紧迫问题而兴起，它旨在通过全面的教育和引导，帮助人们重新审视并调整人类与环境的关系，认识到环境保护对于实现可持续发展的至关重要性。

为了实现人类与环境的和谐发展，资源环境教育首先强调双方之间的相互依存性。人类作为自然环境的一部分，其生存和发展都紧密依赖于环境的滋养和支持。同时，人类活动也对环境产生着不可忽视的影响。这种相互影响的关系要求我们在处理环境问题时，必须采取一种综合的、系统的视角，既要满足人类合理的需求，也要尊重环境的自然规律和承载能力。

其次，资源环境教育注重培养人们的环保意识和责任感。通过深入的教育引导和实践体验，使人们深刻认识到环境保护的紧迫性和重要性，明确自身在环保事业中的责任和作用。这种责任感和使命感将激发人们更加积极地投身于环境保护实践，共同为建设美好的家园贡献力量。

以某地区的森林保护项目为例。该地区曾长期面临森林砍伐严重、生态环境恶化的问题。为了改变这一状况，当地政府联合教育机构开展了资源环境教育活动。他们组织专家学者对森林生态系统进行深入研究，揭示森林在维持生态平衡、提供生态服务等方面的重要作用。然后，他们设计了一系列的教育和实践活动，包括森林探险、生态体验、环保志愿者活动等，吸引了大批市民参与其中。通过这些活动，市民们深刻认识到保护森林的重要性，纷纷表示要积极参与森林保护工作。在政府、教育机构和市民的共同努力下，该地区的森林保护项目取得了显著成效，生态环境得到了有效改善。

综上所述，资源环境教育的最终目标是实现人类与环境的和谐发展。通过揭示人类与环境之间的相互依存关系，培养人们的环保意识和责任感，资源环境教育引导人们在思想和行为上做出积极改变。这种教育理念的实施为推动社会的可持续发展和构建人与自然和谐共生的未来奠定了坚实基础。同时，通过具体的实践案例，我们可以看到资源环境教育在引导公众参与环境保护、共同建设美好家园方面所发挥的重要作用和产生的深远影响。

通过以上对资源环境教育的概念与内涵的详细论述，我们可以发现资源环境教育在解决环境问题、实现可持续发展中的重要性。为了实现这一目标，我们需要不断更新教育理念和方法、加强教材内容的更新和改进、注重学生的实践活动和创新能力的培养以及利用现代科技手段丰富教材内容与形式。只有这样，我们才能培养出具备良好环境素养和创新能力的新一代人才，为实现人类与环境的和谐发展做出贡献。

第二节　资源环境教育的目标与价值

随着资源环境问题日益凸显，资源环境教育的重要性逐渐被人们所认识。本节将详细论述资源环境教育的目标与价值，以期提升大众对资源环境教育的认知，为推动可持续发展和环境保护做出贡献。

一、资源环境教育的目标

（一）提高公众对环境的认识和理解

资源环境教育，作为当代社会不可或缺的教育理念，其核心目标之一是要显著提高公众对资源环境的认知和理解。这种认知并不仅仅停留在资源环境基础知识的层面上，更涵盖了对资源环境深刻意义、多元价值以及与人类生活紧密相连的各种影响的深入洞察。

在这个生机勃勃的星球上，每一个生物种群、每一滴清澈的水珠、每一缕清新的空气，都共同构成了我们赖以生存的环境。然而，随着工业文明的迅速发展和人口的不断增长，地球资源的消耗速度日益加快，生态系统的稳定性也面临着前所未有的威胁。在这样的背景下，资源环境教育的重要性愈发凸显，它致力于通过系统的教育活动，引导公众深入理解地球资源的稀缺性、生态系统的脆弱性以及人类活动对环境的深远影响。

以水资源为例，地球上的淡水资源储量有限，且分布极为不均。然而，在日常生活中，水资源浪费的现象仍然屡见不鲜。资源环境教育通过向公众普及水资源的宝贵性，以及节水的重要性，旨在引导人们形成节约用水的良好习惯。只有当公众深刻认识到水资源的稀缺性和保护的重要性时，他们才会在日常生活中自觉节约用水，为全球水资源的可持续利用贡献自己的力量。

此外，保持生态系统的平衡对于维护地球生物多样性具有至关重要的意义。然而，人类活动往往会对生态系统造成不同程度的破坏，导致生物种群数量的减少、栖息地的丧失以及生物多样性的下降。资源环境教育通过揭示生态系统的脆弱性和保护生物多样性的紧迫性，旨在激发公众的环保意识和责任感。这种教育不仅有助于提升人们对环境保护的认知水平，还能促使他们积极参与生态保护行动，共同维护地球的生态平衡，保护生物多样性。

除了上述案例外，资源环境教育还关注环境问题对人类社会产生的广泛影响。环境污染、气候变化等全球性环境问题不仅会对人类的生存环境造成破坏，还会对经济发展、社会稳定以及人类健康产生深远的影响。通过揭示这些问题的严重性和紧迫性，资源环境教育能够激发公众的危机意识和行动意愿，推动他们积极参与环境保护的实践。

例如，某地区长期受到土壤污染问题的困扰。为了提高公众对土壤污染的认识和理解，当地政府联合教育机构、环保组织和科研机构，共同开展了一系列的资源环境教育活动。他们通过举办讲座、研讨会和实地考察等活动，向公众普及土壤污染的危害、成因以及防治措施。同时，他们还鼓励公众积极参与土壤污染治理和修复的实践，共同为改善土壤环境质量贡献力量。通过这些活动，公众对土壤污染问题的认识得到了显著提升，许多人开始关注自己生活环境中的土壤质量，并采取积极的行动来保护和改善土壤环境。

综上所述，资源环境教育通过提高公众对环境的认识和理解，能够激发人们的环保意识和行动力。只有当每一个人都能深刻认识到地球资源的有限性、生态系统的脆弱性以及环境问题对人类社会的影响时，我们才能共同为保护地球资源和环境做出切实的努力。

（二）培养公众的环境意识和责任感

资源环境教育，作为沟通人与自然的关键纽带，其根本目标之一是对公众内心的环境意识和责任感的培育。这不仅仅是知识的单向传递，更是一种价值观的重塑和行为的引导。

在现代社会的快节奏生活中，人们往往容易忽视自身行为与环境之间的紧密联系。资源环境教育致力于唤醒人们对自然的敬畏与关怀，使每个人都能深刻认识到，保护环境并非遥不可及的抽象概念，而是融入我们日常生活的具体实践。

以垃圾分类为例，这一日常行为对于环境保护具有不可估量的价值。通过资源环境教育的引导，公众逐渐认识到垃圾分类的重要性，并学会如何科学分类、合理投放。这种行为的转变不仅有效减轻了垃圾处理对环境的压力，同时也促进了资源的有效回收和循环利用。当人们将垃圾分类内化为一种自觉行为时，他们便为环境的改善贡献了自己的力量。

此外，节能减排也是资源环境教育关注的重要领域。在日常生活中，人们可以通过选择节能电器、减少一次性用品的使用、鼓励绿色出行等多种方式来降低能源消耗和减少碳排放。这些看似微小的改变，实则体现了人们对环境的深刻责任感和使命感。当这种责任感成为社会的广泛共识时，我们便能够共同应对环境问题，推动社会的绿色可持续发展。

除了日常生活中的实践外，资源环境教育还通过组织丰富多样的环保活动和实践项目，让公众亲身参与其中，深刻感受环境保护的紧迫性和挑战性。比如，一些社区开展的植树造林活动、海滩清洁行动等，都吸引了众多市民的积极参与。这些活动不仅提升了人们的环保意识，更激发了他们投身环保事业的热情和动力。通过亲身参与，人们不仅为环境的改善贡献了自己的力量，也收获了内心的满足和幸福。

综上所述，资源环境教育通过培养公众的环境意识和责任感，将环保理念融入人心并转化为切实的行动。这种转化不仅有助于解决当前的环境问题，更为构建人与自然和谐共生的未来社会奠定了坚实的基础。当越来越多的人将环保视为己任并付诸实践时，我们离一个更加绿色、美好的世界便又近了一步。

（三）推广可持续发展的理念和实践

资源环境教育，作为推动社会和谐与绿色发展的关键力量，其根本宗旨在于推广可持续发展的理念与实践。可持续发展，这一跨世纪的发展理念，要求我们在追求当前经济社会效益的同时，更要考虑生态环境的长远保护和后代人的发展需求。资源环境教育正是肩负着将这一宏观理念具体化、生活化的使命。

在普及可持续发展观念的过程中，资源环境教育侧重于对公平性、持续性和共同性这三大核心原则的解读与宣传。这些原则不仅是可持续发展的理论基石，更是指导人们实际行动的准则。通过教育的引导，人们开始深刻理解到，可持续发展不仅仅是一种经济发展模式，更是一种关乎人类未来、关乎地球生态的全局性战略。

以绿色出行为例，资源环境教育通过各种渠道和方式，倡导人们减少私家车使用，选择更环保的出行方式。这不仅有助于减少空气污染和交通拥堵，更是对可持续发展理念的具体实践。越来越多的人开始响应这一号召，步行、骑行、乘坐公共交通成为他们日常出行的新选择。

在节能减排领域，资源环境教育同样发挥着重要作用。通过普及节能知识和宣传节能产品，人们逐渐认识到节能减排对于实现可持续发展目标的重要性。在日常生活中，节能电器、绿色建筑、可再生能源等节能环保产品和服务受到越来越多人的青睐。

此外，保护生物多样性也是资源环境教育关注的重要方面。生物多样性是地球生命系统的基石，也是可持续发展的重要保障。通过组织自然体验、生态旅行等活动，资源环境教育让人们亲身感受到生物多样性的魅力和价值，从而激发起保护生物多样性的自觉性和积极性。

例如，在某城市开展的一场资源环境教育活动中，组织者巧妙地将可持续发展的理念与实践相结合。通过举办环保创意比赛、开设节能减排工作坊、组织绿色出行体验等活动，让市民在亲身参与中深刻体会到可持续发展的重要性。这些活动不仅提升了市民的环保意识，更为推动城市的绿色转型和可持续发展注入了新的活力。

综上所述，资源环境教育通过推广可持续发展的理念和实践，正逐步引导社会走向一个更加绿色、和谐、可持续的未来。在这个过程中，每个人都是推动者、实践者，共同为我们共同的地球家园贡献自己的力量。

（四）培养环境保护的专业人才

资源环境教育，作为回应全球环境挑战的关键环节，其深远的目标在于孕育和塑造环保领域的专业人才。这一目标的实现不仅是为了满足当前环境保护的迫切需求，更是为了确保未来环保事业能够拥有源源不断的人才储备和智力支持。

　　环境保护是一项涉及多个学科领域的复杂工作，要求从业者具备跨学科的知识背景和解决环境问题的实践能力。因此，资源环境教育在培养专业人才时，注重提供多元化的教育内容和培训方式，以帮助学生全面构建环保知识体系并提升实践技能。这种综合性的教育和培训不仅涵盖环境科学、环境工程等基础理论的学习，还强调实验教学、实习实训等实践环节的训练。

　　以某知名大学的资源环境教育专业为例，该专业通过创新教育模式，成功培养了一批批具备专业素养和实践能力的环保人才。该专业不仅注重课堂教学，还积极与环保机构、企业合作，为学生提供丰富的实践机会。让学生们有机会亲身参与环境治理项目，深入了解环保工作的实际运作，并在实践中不断提升自己的技能和能力。

　　这些经过资源环境教育培养的专业人才，在毕业后成了环保事业的领军人物和中坚力量。他们分布在政府机构、环保组织、科研机构等各个领域，发挥着举足轻重的作用。例如，有的毕业生成了环保部门的决策者，制定和实施环保政策；有的则成了环保技术的研发者，推动环保技术的创新和应用；还有的成了环保教育的推广者，致力于提升公众的环保意识和素养。

　　除了专业技能的培养，资源环境教育还注重塑造学生的环保价值观和责任感。这种价值观和责任感将成为他们未来职业生涯中的精神支柱，激励他们为环保事业不断奋斗和奉献。正是因为有了这样一批批具备专业知识和坚定信念的环保人才，我们的环保事业才能够不断取得新的突破和进展。

　　综上所述，资源环境教育通过培养环保领域的专业人才，为环保事业的持续发展提供了有力的人才保障。这些专业人才将在各自的岗位上发光发热，共同推动环保事业的繁荣与进步。他们的智慧与努力将为我们创造一个更加绿色、美好的地球家园。

二、资源环境教育的价值

资源环境教育不仅深化了我们对环境保护重要性的理解，更在宏观层面上显现出其深远的社会价值。它有助于提升公众的整体素养和道德水平，使人们更加珍视和尊重自然环境。同时，这种教育还能引领经济社会走向绿色、可持续的繁荣，推动生态文明建设，实现美丽中国的宏伟目标。更进一步，它培养了我们的全球视野和国际合作精神，让我们能够站在更高的角度，共同面对全球性的环境问题，携手构建一个更加绿色、和谐的世界。资源环境教育的价值更侧重于其对社会、经济、文化和全球合作的广泛影响。

（一）提升公众素养和道德水平

资源环境教育，作为培育现代公民素养的关键环节，其重要性已逐渐深入人心。它不仅致力于提升公众的环保素养，更在无形中塑造着人们高尚的道德情操，为社会的和谐发展奠定了坚实基础。

通过资源环境教育的引导，公众的环保素养得到了显著提升。人们不再仅仅将环境问题视为一个抽象的概念，而是将其与日常生活紧密相连，转化为实实在在的环保行动。以垃圾分类为例，越来越多的城市和社区开始推行垃圾分类制度，居民们积极参与，将垃圾分类投放成为生活的新常态。这一变化不仅减少了环境污染，更促进了资源的有效回收利用，为社会的可持续发展注入了新的活力。

同时，资源环境教育在提升公众道德水平方面也展现出了独特的魅力。它倡导尊重自然、爱护自然的理念，强调人与自然的和谐共生。在这种理念的熏陶下，人们开始更加关注公共利益和社会责任，积极参与各种环保公益活动。比如，在河流清洁和保护工作中，许多志愿者自发组织起来，他们不畏艰辛，只为还河流以清澈，为子孙后代留下一个更好的生态环境。这种无私奉献的精神，正是资源环境教育所追求的目标。

此外，资源环境教育还通过生动的案例和实践活动，让公众更加直观地感受到环保的重要性和紧迫性。学校组织的环保实践活动，如参观垃圾处理厂、污水处理厂等，让学生们亲身体验到环境污染的严重后果和环保工作的艰辛。这些活动不仅增强了学生的环保意识，更激发了他们参与环保的热情和动力，为培养未来的环保领袖奠定了坚实基础。

（二）引领经济社会走向绿色繁荣

资源环境教育在推动经济社会可持续发展方面同样发挥着举足轻重的作用。它通过传播可持续发展的理念和实践，引领经济社会走向绿色繁荣的道路。

首先，资源环境教育可以引导公众关注资源的有效利用。在资源日益紧缺的背景下，如何更加高效地利用资源成了一个全球性的挑战。资源环境教育通过普及节能、节水、节地等知识，引导公众在日常生活中实践资源节约。例如，节能灯具、节水器具等环保产品的推广使用，不仅降低了能源消耗和水资源浪费，还为公众带来了实实在在的经济利益。这种双赢的局面正是资源环境教育所追求的目标。

其次，资源环境教育可以推动绿色产业的发展。随着环保意识的日益增强，绿色产业正成为新的经济增长点。资源环境教育通过培养公众的环保意识，引导他们选择绿色产品和服务，从而为绿色产业的发展创造了广阔的市场空间。新能源汽车的爆发式增长就是一个典型的例子。在政府的政策扶持和公众的环保需求推动下，新能源汽车市场呈现出井喷式的增长态势。这不仅促进了汽车产业的转型升级，还为上下游产业链的发展注入了新的活力，实现了经济增长与环境保护的良性循环。

最终，资源环境教育的推广有助于推动循环经济的形成与壮大。循环经济是一种以资源高效利用和循环利用为核心理念的经济模式，其目标是减少资源消耗、减轻环境压力，并实现经济的可持续发展。资源环境教育通过引导公众和企业树立循环经济理念，推动废弃物的减量化、资源化和无害化处理。例如，废弃物回收体系和再生资源利用基地的建立，不仅减少了废弃物的排放和对环境的污染，还为企业提供了廉价的原材料来源并降低了生产成本。这种变废为宝的做法正是循环经济的魅力所在，也是资源环境教育所倡导的发展方向。

综上所述，资源环境教育在塑造公众素养与道德情操、引领经济社会走向绿色繁荣等方面发挥着深远的作用。它是培育现代公民、构建和谐社会、实现可持续发展的重要途径和必然选择。

（三）推动生态文明建设和美丽中国建设

资源环境教育在推动生态文明建设和美丽中国建设中具有不可替代的价值。这一教育形式通过提高公众的环保意识和责任感，为构建人与自然和谐共生的社会提供了强大的动力。

首先，资源环境教育能够激发公众的环保意识。随着环境问题的日益严重，越来越多的人开始重视环境保护。资源环境教育通过各种渠道和方式，向公众普及环保知识，让他们了解环境问题的严重性和紧迫性。这种教育不仅能够提高公众的环保意识，还能够培养他们的环保习惯，使他们在日常生活中更加注重节约资源、保护环境。以垃圾分类为例，近年来，我国大力推广垃圾分类制度。这一制度的实施离不开资源环境教育的支持。通过广泛宣传和教育引导，越来越多的居民开始了解垃圾分类的意义和方法，并积极参与垃圾分类工作。这不仅减少了垃圾处理的难度和成本，还促进了资源的回收利用，为生态文明建设做出了积极贡献。

其次，资源环境教育能够引导公众积极参与环保活动。在环保意识的驱动下，越来越多的人愿意为保护环境贡献自己的力量。他们通过参加各种环保活动，如植树造林、河流清洁、野生动物保护等，为改善环境质量付出了实际行动。这些活动不仅有助于解决环境问题，还能够增强公众的环保责任感和使命感。例如，近年来，我国多地爆发了沙尘暴等自然灾害。这些灾害的发生与生态环境恶化密切相关。为了应对这些灾害，许多志愿者组织起来，参与植树造林等生态修复工作。他们通过自己的努力，为改善生态环境做出了积极贡献，也带动了更多人参与环保活动。

最后，资源环境教育能够推动政府、企业和社会组织在生态文明建设方面采取更加积极的行动。政府是生态文明建设的主导者，企业是生态文明建设的重要参与者，而社会组织则是生态文明建设的积极推动者。资源环境教育通过提高这些主体的环保意识和责任感，促使他们在生态文明建设中发挥更加积极的作用。例如，一些地方政府在资源环境教育的推动下，开始大力推广绿色出行、绿色建筑等环保措施。这些措施的实施不仅有助于改善环境质量，还能够促进经济的可持续发展。同时，一些企业也开始注重环保责任和社会责任，通过采用环保技术、生产环保产品等方式为生态文明建设贡献力量。而社会组织则通过发起各种环保公益活动倡导绿色生活方式等方式推动生态文明建设的深入发展。

综上所述，资源环境教育在推动生态文明建设和美丽中国建设中发挥着至关重要的作用。通过提高公众的环保意识和责任感，引导公众积极参与环保活动，推动政府、企业和社会组织在生态文明建设方面采取更加积极的行动。资源环境教育为构建人与自然和谐共生的美丽中国，实现中华民族永续发展提供了有力支撑。

（四）培养全球视野和国际合作精神

在全球化背景下，资源环境教育在培养全球视野和国际合作精神方面的价值日益凸显。环境问题已经超越国界，成为全球性挑战，需要各国共同应对。

首先，资源环境教育有助于培养全球视野。通过学习国际环保知识和经验，公众能够更加全面地了解全球环境问题的严峻性和紧迫性。例如，气候变化、生物多样性丧失、海洋污染等问题不仅影响某个国家或地区，而且对整个地球生态系统构成威胁。资源环境教育通过引入国际案例和比较研究，帮助公众认识到环境问题的全球性特征，从而激发他们参与全球环保行动的意愿。以气候变化为例，资源环境教育可以向公众介绍《巴黎协定》等国际气候治理机制的重要性。通过这些教育内容，公众可以了解到全球各国在应对气候变化方面的共同努力和承诺，以及气候变化对全球生态系统、人类健康和经济社会的广泛影响。这将有助于增强公众对气候变化问题的认识，促使他们在日常生活中采取节能减排等措施，为应对全球气候变化贡献自己的力量。

其次，资源环境教育能够促进国际合作精神的培养。环境问题需要全球共同关注和努力，任何国家都无法独善其身。资源环境教育强调国际合作的重要性，鼓励公众积极参与国际环保合作和交流。例如，跨国界的河流流域管理、野生动物保护等项目需要多国共同协作才能实现有效治理。在这些项目中，各国政府、非政府组织、科研机构和企业等利益相关方需要共同制定计划、分享经验、协调行动。资源环境教育通过介绍这些成功的国际合作案例，激发公众的参与热情和合作意识。再举一个例子，海洋塑料污染问题已经成为全球关注的热点。海洋塑料不仅威胁海洋生物的生存，还可能通过食物链进入人体，对人类健康造成潜在威胁。针对这一问题，许多国家已经开始采取措施限制塑料的生产和使用，并加强国际合作以共同应对。资源环境教育可以向公众介绍这些国际行动的重要性，鼓励他们在日常生活中减少一次性塑料制品的使用，支持可持续发展的替代品，从而为解决海洋塑料污染问题贡献自己的一份力量。

综上所述，资源环境教育在推动生态文明建设和美丽中国建设、培养全球视野和国际合作精神方面发挥着重要作用。为了充分发挥资源环境教育的价值，我们需要不断更新教育理念和方法，加强教材内容的更新和改进，注重对学生的实践活动和创新能力的培养，并利用现代科技手段丰富教材内容与形式。只有这样，我们才能培养出具备良好环境素养和创新能力的新一代人才，为实现人类与环境的和谐发展做出贡献。同时，政府、企业和社会组织也应积极参与资源环境教育，形成全社会共同关注环境保护的良好氛围。

第三节　资源环境教育的实践探索与案例分析

资源环境教育是以提高人们的环境意识和实践能力为目标，培养具有环境素养的公民，推动可持续发展的社会实践活动。本节将详细论述资源环境教育的实践探索与案例分析，以期为相关教育实践提供参考和借鉴。

一、资源环境教育的实践探索

（一）校园实践：绿色校园建设

资源环境教育的实践探索在校园中展现得尤为活跃和生动。绿色校园建设作为其实践的重要一环，不仅为学生提供了一个充满环保氛围的学习环境，更是将环保理念融入学生的日常生活中，使他们在潜移默化中提高环境意识。

在各大中小学校园中，节能减排相关活动开展得如火如荼。不少学校积极推广节能灯具和节水器具的使用，以降低能源消耗和水资源浪费。例如，某小学在全校范围内更换了 LED 节能灯具，不仅照明效果更佳，而且显著降低了电力消耗。同时，学校还鼓励学生参与节能减排的实践活动，比如开展"节能小能手"评选活动，让学生分享自己在日常生活中有哪些节约用电、节约用水的小窍门。这些活动不仅让学生认识到节能减排的重要性，还激发了他们参与环保的热情。

垃圾分类制度在绿色校园建设中同样发挥着重要作用。学校采取设立分类垃圾桶、制定垃圾分类规定等措施，引导学生养成良好的垃圾分类习惯。例如，某小学开展了"垃圾分类小卫士"活动，学生们在课间时间轮流担任垃圾分类监督员，确保垃圾分类的准确执行。这种参与式的管理方式不仅让学生更加了解垃圾分类的知识和方法，还培养了他们的责任感和使命感。

校园环境整治活动也是绿色校园建设的重要组成部分。学校通过组织学生参与植树造林、美化校园环境等活动，让学生亲身感受到环保行动的力量和成果。例如，某校每年都会组织师生进行植树活动，经过多年的努力，校园内已经有了一片郁郁葱葱的小树林。这片树林不仅美化了校园环境，还为学生提供了一个亲近自然的好去处。此外，学校还鼓励学生参与校园环境的日常维护，比如开展"清洁校园日"等活动，让学生共同维护一个整洁、美丽的校园环境。

除了以上这些具体的实践活动外，绿色校园建设还注重培养学生的环境价值观。学校通过开设环保课程、举办环保讲座等方式，在向学生传授环保知识和技能的同时，也引导他们树立正确的环境价值观。这些价值观将伴随学生一生的发展，成为他们参与社会建设、推动社会进步的重要动力。

综上所述，绿色校园建设作为资源环境教育实践探索的重要一环，在提高学生环境意识、培养环保意识方面发挥着不可替代的作用。通过节能减排、垃圾分类、校园环境整治等具体实践活动，以及环保课程的开设和价值观的引导，绿色校园建设为学生提供了一个全方位、多层次的环保教育平台，使他们在实践中学习、在体验中成长，成为具有环保意识和责任感的未来社会的主人翁。

（二）社会实践：环保志愿服务

资源环境教育的实践探索不仅局限于校园之内，更延伸至广阔的社会领域。其中，环保志愿服务作为一种深受学生喜爱的社会实践形式，成为资源环境教育的重要途径之一。通过亲身参与环保志愿服务活动，学生们能够深刻了解环境问题的严重性和紧迫性，同时在实践中提高自己的环保意识和能力。

河流治理是环保志愿服务中的一个典型例子。随着工业化和城市化的快速发展，许多河流都受到了不同程度的污染。为了改善河流生态环境，一些环保组织和志愿者团队会发起了河流治理项目。例如，某校的环保社团就组织了一次清理河流垃圾的志愿服务活动。在活动中，学生们穿着统一的志愿者服装，手持垃圾袋和夹子，沿着河岸仔细搜寻并捡拾垃圾。通过几个小时的辛勤努力，他们清理了大量漂浮在河面上的塑料袋、饮料瓶等垃圾，让河流恢复了原本的清澈与美丽。这次活动不仅让学生们深刻体会到了河流污染的危害性，还激发了他们保护环境的责任感和使命感。

除了直接参与环境治理外，环保宣传也是环保志愿服务的一种重要形式。通过向公众普及环保知识和理念，可以提高人们的环保意识和行动力。例如，某学校的环保小组就利用周末时间在社区开展了一次环保宣传活动。他们制作了精美的宣传海报和传单，向过往的居民介绍节能减排、垃圾分类等环保知识和技巧。同时，他们还通过举办小型讲座和互动游戏等形式吸引更多居民参与进来。这次活动不仅让居民们了解到了实用的环保知识和方法，还激发了他们参与环保的热情和积极性。

综上所述，环保志愿服务作为资源环境教育实践探索的重要途径之一，在培养学生环保意识、提高实践能力方面发挥着不可替代的作用。通过亲身参与河流治理、植树造林、环保宣传等志愿服务活动，学生们能够深入了解环境问题的严重性和紧迫性，并学会如何为保护地球的生态环境贡献自己的力量。

（三）课程教学：融入环保理念的教育教学

资源环境教育的实践探索在课程教学领域中具有深远的意义。作为资源环境教育的主渠道，课程教学不仅仅是知识传递的场所，更是塑造学生环保意识、培养未来环保行动者的重要基地。通过在课程教学中融入环保理念，我们能够在学生的心灵深处播下环保的种子，使其在日后的生活中生根发芽，茁壮成长。

在地理课程中，教师可以结合具体的环境问题案例，引导学生分析产生原因和解决方法。例如，讲解黄土高原的水土流失问题时，教师可以引入植树造林、退耕还林等环保措施，让学生了解这些措施在防治水土流失方面的重要作用。同时，通过展示黄土高原治理前后的对比图片或视频，让学生更加直观地感受到环保行动的力量和成果。这种教学方式不仅帮助学生掌握了地理知识，还激发了他们参与环保的热情和信心。

生物课程同样是融入环保理念的重要载体。教师可以利用生物学的相关知识，向学生介绍生物多样性的重要性和保护方法。例如，在讲解生态系统时，教师可以引入生态平衡的概念，让学生了解各种生物之间以及生物与环境之间的相互关系。同时，通过介绍一些珍稀濒危物种的保护案例，如大熊猫、金丝猴等，让学生意识到保护生物多样性对于维护地球生态平衡的重要性。此外，教师还可以组织学生开展生物实验或野外考察活动，让学生在亲身体验中加深对环保理念的理解。

化学课程也可以为资源环境教育提供有力的支持。教师可以结合化学知识，向学生介绍环境污染的成因和防治方法。例如，在讲解大气污染时，教师可以引入化学反应的原理，让学生了解大气污染物是如何形成的以及如何通过化学反应进行治理。同时，教师还可以向学生介绍一些环保材料和技术的发展历程和应用前景，如可降解塑料、太阳能电池等，让学生了解到科技在推动环保事业方面的重要作用。

除了自然科学课程外，人文社科课程同样可以融入环保理念。在历史课程中，教师可以向学生介绍环境保护的历史渊源和发展历程；在政治课程中，教师可以向学生介绍环境保护的法律法规和政策措施；在语文课程中，教师可以选取一些与环保相关的文学作品进行分析和解读。这些课程内容的融入可以帮助学生从多个角度理解环境问题的重要性和紧迫性，并树立正确的环保观念和价值观。

综上所述，课程教学作为资源环境教育实践探索的主渠道，在融入环保理念方面具有独特的优势和作用。通过在各门课程中巧妙地融入环保理念，可以让学生在掌握环保知识的同时提高环境意识，培养出一批批具有环保素养的社会建设者和接班人。

二、资源环境教育的案例分析

案例一：某小学开展的绿色校园建设实践

某小学通过开展绿色校园建设实践，取得了显著成效。该校建立了完善的节能减排制度，推广节能灯具、节水器具等；建立垃圾分类制度，引导学生养成良好的垃圾分类习惯；开展校园环境整治活动，植树造林、美化校园环境等。这些措施不仅提高了学生的环保意识，还带动了整个校园的绿色氛围。通过对该案例的分析，我们可以发现绿色校园建设实践可以有效地提高学生的环保意识和实践能力。

案例分析：随着全球环境问题的日益严重，环保教育逐渐成了各国教育体系中不可或缺的一部分。该小学作为积极响应环保号召的先锋，其绿色校园建设实践不仅在校内产生了深远影响，还为其他学校提供了宝贵的借鉴经验。接下来将从科学教育和资源环境教育的角度，对这一案例进行深入剖析。

首先，该校在节能减排方面取得了显著成效。通过建立完善的节能减排制度，学校成功地降低了能源和水的消耗。这一制度并非空谈，而是具体到了每一个细节，如推广使用节能灯具和节水器具。这些措施不仅直接减少了学校的运行成本，更重要的是，它们为学生提供了一个生动的环保教育课堂。每当学生们看到那些节能灯具和节水器具时，他们都会意识到环保就在自己身边，从而更加珍惜资源，减少浪费。

其次，垃圾分类制度在该校得到了很好的实施。这一制度要求学生和老师都必须将垃圾按照规定的分类进行投放。起初，许多学生不适应这样的改变，但随着时间的推移，他们逐渐养成了良好的垃圾分类习惯。这一习惯的养成不仅有助于减少垃圾处理成本，还有助于培养学生的环保责任感。他们开始意识到自己的行为会对环境产生影响，从而更加注重培养环保行为。

最后，该校的校园环境整治活动也值得一提。通过植树造林、美化校园环境等活动，学校为学生创造了一个舒适、宜人的学习环境。这些活动不仅提高了学生的环保意识，还激发了他们参与环保的热情。每当看到那些自己亲手种下的树木和花草时，学生们都会感到一种成就感和自豪感。这种成就感和自豪感进而转化为他们参与更多环保活动的动力。

从科学教育的角度来看，该校的绿色校园建设实践也具有很强的教育意义。首先，它让学生了解到环保是一门科学，需要运用科学知识来解决实际问题。例如，在推广使用节能灯具和节水器具的过程中，学生们需要了解这些器具的工作原理和节能效果。这不仅增强了他们的科学素养，还激发了他们对科学的兴趣。

其次，绿色校园建设实践还培养了学生的实践能力和创新精神。在参与校园环境整治活动的过程中，学生们需要动手解决实际问题，如如何选择合适的植物、如何规划绿化区域等。这些问题没有固定的答案，需要学生们发挥自己的想象力和创造力去解决。这不仅锻炼了他们的实践能力，还培养了他们的创新精神。

综上所述，该学校的绿色校园建设实践不仅提高了学生的环保意识和实践能力，还为他们提供了宝贵的科学教育机会。这一实践充分证明了环保教育与科学教育之间的紧密联系和相互促进关系。在未来的发展中，我们有理由相信该校将继续在环保教育和科学教育方面取得更加显著的成果。

案例二：某小学开展的环保志愿服务活动

某小学通过开展环保志愿服务活动，让学生深入了解环境问题，提高实践能力。该校组织学生参与河流治理、植树造林、环保宣传等志愿服务活动。在活动中，学生们积极参与，亲身体验和分析环境问题，培养了公民责任感和团队合作精神。通过对该案例的分析，我们可以发现环保志愿服务活动可以有效地提高学生的实践能力和公民责任感。

案例分析：环保教育，作为科学教育和资源环境教育的重要组成部分，正逐渐受到越来越多学校的重视。该小学通过积极开展环保志愿服务活动，为学生们提供了一个亲身参与、深入了解环境问题的平台，进而提升了他们的实践能力和公民责任感。接下来从科学教育和资源环境教育的角度，对这一案例进行深入剖析。

首先，环保志愿服务活动为学生们提供了一个宝贵的学习机会。在传统的课堂教学中，学生们往往只能通过书本和教师的讲解来了解环境问题。然而，这种间接的学习方式很难让学生真正感受到环境问题的严重性和紧迫性。而通过参与环保志愿服务活动，学生们可以亲身参与河流治理、植树造林等实际工作，直观地感受到环境问题对人们生活的影响。这种亲身体验的学习方式不仅让学生们更加深入地了解了环境问题，还激发了他们学习相关科学知识的兴趣和动力。

其次，环保志愿服务活动有效提升了学生们的实践能力。在参与活动的过程中，学生们需要动手解决实际问题，如如何清理河流垃圾、如何种植树苗等。这些问题没有固定的答案，需要学生们根据实际情况进行思考和探索。通过不断地尝试和实践，学生们逐渐掌握了解决实际问题的能力，这种能力的提升对他们未来的学习和生活都具有重要意义。

此外，环保志愿服务活动还培养了学生们的公民责任感和团队合作精神。在参与活动的过程中，学生们意识到自己的行为能够对环境产生积极影响，从而更加珍惜和保护环境。同时，他们还需要与同伴一起合作完成任务，这锻炼了他们的团队协作能力和沟通能力。这种对公民责任感和团队合作精神的培养对学生们的全面发展具有重要价值。

从科学教育的角度来看，环保志愿服务活动也具有很强的教育意义。它让学生们了解到科学知识在解决实际问题中的应用价值，从而更加重视科学学习。同时，通过参与活动过程中的问题解决和决策制定等环节，学生们还培养了批判性思维和创新精神等科学素养。

从资源环境教育的角度来看，环保志愿服务活动更是具有深远的意义。它让学生们意识到资源的有限性和环境保护的重要性，从而更加珍惜和合理地利用资源。同时通过参与实际的环保行动，学生们还了解了环境保护的具体措施和方法，并在日常生活中积极践行环保理念。

综上所述，该小学的环保志愿服务活动不仅提高了学生们的实践能力和公民责任感，还为他们提供了宝贵的科学教育和资源环境教育机会。

案例三：某学校融入环保理念的教育教学实践

某学校在课程教学中融入环保理念，让学生在学习知识的同时提高环境意识。该校在地理、生物、化学等课程中加入环境问题的案例和解决方法；在历史、政治等课程中加入环境保护的法律、法规和政策等内容。通过融入环保理念的教育教学实践，学生们不仅提高了环保意识，还培养了解决问题的能力和创新精神。通过对该案例的深入剖析，我们可以发现，融入环保理念的教育教学实践可以有效地提高学生的环保意识和实践能力。

案例分析：该学校通过在课程教学中融入环保理念的教学方法，让学生在学习知识的同时提高环境意识，这种做法值得肯定和推广。

首先，该学校在地理、生物、化学等课程中加入环境问题的案例和解决方法。这些课程本身就与环境息息相关，通过引入实际的环境问题案例，可以让学生更加直观地了解环境问题的严重性和紧迫性。同时，通过分析和讨论解决方法，可以培养学生解决问题的能力和创新精神。例如，在地理课程中，可以引入当地的环境问题，让学生分析原因并提出解决方案；在生物课程中，可以讲解生物多样性的重要性，让学生了解保护生物多样性的意义和方法；在化学课程中，可以介绍环境污染的化学成分和治理技术，让学生明白化学在环境保护中的重要作用。

其次，该学校在历史、政治等课程中加入环境保护的法律、法规和政策等内容。这些课程虽然看似与环境关系不大，但实际上环保法律、法规和政策是环境保护的重要保障。通过学习这些内容，可以让学生了解国家在环境保护方面的法律、法规和政策，明白自己在环境保护中的责任和义务。同时，也可以培养学生的公民意识和社会责任感。例如，在历史课程中，教师可以介绍环境保护的历史演变和重要事件；在政治课程中，可以讲解环保政策的制定和实施过程，让学生了解政策背后的考量和博弈。

除了以上两点，该学校还应该注重实践环节的设置。实践是检验真理的唯一标准，也是提高学生环保意识和实践能力的重要途径。学校可以通过组织环保实践活动、开展环保课题研究等方式，让学生亲身参与环保行动，感受环保的重要性和紧迫性。例如，可以组织学生参加垃圾分类、植树造林等公益活动；可以开展环保课题研究，让学生深入调查当地的环境问题并提出解决方案。

综上所述，该校融入环保理念的教育教学实践是一种有益的探索和尝试。通过将环保理念融入课程教学中，可以让学生在学习知识的同时提高环境意识；通过实践环节的设置，可以培养学生的实践能力和创新精神；通过培养学生的公民意识和社会责任感，可以为社会培养出更多具有环保意识和实践能力的人才。这种做法不仅符合当今社会的需求和发展趋势，更是对未来世界的一种负责任的态度和行动。

小结：通过对资源环境教育的实践探索与案例的分析，我们可以发现资源环境教育在提高公众环保意识、培养环保人才、推动可持续发展等方面具有重要作用。为了实现这些目标，我们需要不断创新教育理念和方法，加强教材内容的更新和改进，注重学生的实践活动，培养学生的创新能力，利用现代科技手段丰富教材内容与形式。只有这样，我们才能培养出具备良好环境素养和创新能力的新一代人才，为实现人类与环境的和谐发展做出贡献。

第六章

小学科学与资源环境教育的创新融合

小学科学是一门综合性课程。小学科学教育是实施这门课程的具体过程。小学科学教材则是这一过程中不可或缺的教学媒介和工具。

第一节　小学科学教育与资源环境教育融合的必要性

一、教育目标具有一致性

小学科学教育和资源环境教育在教育目标上的高度一致性，为两者的协同发展提供了坚实的基础。两者都旨在培养学生的科学素养和环境意识，这不仅有助于学生的全面发展，更是对未来社会发展需求的积极响应。通过协同发展，我们可以更好地整合教育资源，优化教育方法，从而实现教育目标的最大化。

小学科学教育注重培养学生的科学探究能力和科学思维，引导他们以科学的态度和方法认识世界、解决问题。而资源环境教育则强调引导学生关注环境问题，培养他们的环保意识和可持续发展观念。尽管两者在教育内容上有所侧重，但它们的教育目标却是殊途同归，都致力于提升学生的综合素质，使他们成为具备科学素养和环境意识的未来公民。

在现实生活中，我们不难找到小学科学教育与资源环境教育相互融合、协同发展的案例。例如，某小学在科学课程中引入了"我是校园守护者"的活动，鼓励学生关注校园内的环境问题，并提出解决方案。在这个过程中，学生们不仅学会了观察、实验等科学探究方法，还深刻体会到了环保的重要性。他们自发组织起来，对校园内的垃圾分类、节能减排等问题进行了深入研究，并提出了切实可行的改进措施。这样的活动不仅丰富了科学课程的内容，还有效地提升了学生的环保意识和实践能力。

另一个案例是某小学在资源环境教育中融入了科学探究的元素。该校开展了一项关于"水资源保护"的研究性学习项目，引导学生通过实地考察、数据收集和分析等方式，探究当地水资源的现状和保护措施。在这个过程中，学生们不仅学习了水资源保护的相关知识，还掌握了科学探究的方法和技能。他们通过自己的努力，发现了当地水资源存在的问题，并提出了有针对性的解决方案。这样的项目不仅增强了学生的环保意识和责任感，还培养了他们的科学探究能力和创新精神。

通过以上案例，我们可以看出，小学科学教育与资源环境教育的协同发展具有显著的优势和效果。这种发展模式不仅能够整合教育资源，实现教育目标的最大化，还能够激发学生的学习兴趣和探究欲望，培养他们的实践能力和创新精神。同时，这种协同发展也有助于提升教师的专业素养和教学能力，促进教育教学的改革和创新。

综上所述，小学科学教育和资源环境教育在教育目标上的一致性为两者的协同发展提供了有力支撑。通过协同发展，我们可以更好地实现教育目标的最大化，为学生的全面发展和社会进步做出积极贡献。

二、教育内容的互补性

小学科学教育和资源环境教育在教育内容上展现出的互补性，为两者的协同发展提供了强有力的依据。小学科学教育注重对科学知识的传授和对实践能力的培养，旨在为学生打下坚实的科学基础。而资源环境教育则强调对环境问题的认识和对解决方法的掌握，致力于引导学生关注并思考环境问题，培养他们的环保意识和可持续发展观念。通过协同发展，我们可以将这两者的教育内容相结合，形成更加完整和系统的教育体系。

在实际教学中，这种互补性体现得淋漓尽致。例如，在某小学的科学课程中，教师在教授生物多样性的知识时，引入了资源环境教育中的生态保护内容。学生们不仅学习了生物多样性的概念，明确了它的重要性，还了解了生态保护的紧迫性和方法。他们通过实地考察和调查研究，发现了当地生态系统中存在的问题，并提出了保护生物多样性的具体措施。这种对教学内容的整合，不仅丰富了学生的科学知识，还培养了他们的环保意识和实践能力。

在资源环境教育的课程中，教师可以结合小学科学教育的实验和探究方法，引导学生深入探究环境问题。例如，在教授水污染问题时，教师可以组织学生进行水质检测实验，让他们亲自观察和分析水样中的污染物成分。通过这样的实验活动，学生们不仅能够直观地了解水污染的危害和成因，还能够培养他们进行科学探究的能力和解决问题的能力。

除了教学内容上的互补外，小学科学教育和资源环境教育在教学方法上也可以相互借鉴和融合。例如，可以采用项目式学习的方式，让学生在解决实际问题的过程中综合运用科学知识和环境知识。这种教学方法不仅能够激发学生的学习兴趣和探究欲望，还能够培养他们的团队合作精神和创新能力。

综上所述，小学科学教育和资源环境教育在教育内容上的互补性为两者的协同发展提供了广阔的空间。通过协同发展，我们可以将两者的教育内容相结合，形成更加完整和系统的教育体系。这样的教育体系不仅能够满足学生的全面发展需求，还能够为社会的可持续发展培养出具备科学素养和环境意识的未来公民。同时，这种协同发展也促进了教育教学的改革和创新，为提升教育质量注入了新的活力。

三、教育资源的共享性

小学科学教育和资源环境教育在教育资源上的共享性，为两者的协同发展提供了又一项重要支撑。两者都需要利用实验室、实践基地等教育资源进行教学，这些资源对于培养学生的实践能力和创新精神至关重要。通过协同发展，我们可以更好地整合和利用这些教育资源，打破学科之间的壁垒，实现教育资源的优化配置和高效利用。

在实际教学中，教育资源的共享性为小学科学教育和资源环境教育的协同发展带来了诸多便利。例如，某小学的科学实验室不仅为科学课程提供了实验场地和器材，还为资源环境教育的实践活动提供了有力支持。在科学课程中，学生们可以利用实验室的显微镜观察生物细胞的结构，探究生命的奥秘；而在资源环境教育的课程中，学生们则可以利用实验室的化学试剂检测水质的污染程度，了解环境保护的紧迫性。这样的资源共享不仅节省了教育成本，还提高了教学效果。

除了实验室资源外，实践基地也是小学科学教育和资源环境教育共享的重要教育资源。例如，某小学的实践基地不仅为科学课程提供了种植、养殖等实践活动场地，还为资源环境教育的环保实践活动提供了平台。在科学课程中，学生们可以在实践基地里亲手种植植物、观察动物的生长过程，体验科学探究的乐趣；而在资源环境教育的课程中，学生们则可以在实践基地里开展垃圾分类、环保宣传等实践活动，培养他们的环保意识和责任感。这样的实践基地共享不仅丰富了学生的实践经验，还促进了学科之间的交流与融合。

此外，教育资源的共享还体现在师资力量上。小学科学教育和资源环境教育都需要具备专业素养和实践经验的教师进行教学。通过协同发展，我们可以实现师资力量的共享和优化配置。例如，某小学的科学教师和资源环境教师可以共同备课、互相学习交流经验和方法；同时他们还可以合作开展跨学科的教学项目和研究活动，共同提升学生的科学素养和环境意识。这样的师资力量共享不仅提高了教师的教学水平，还促进了教师之间的专业成长和团队协作。

综上所述，小学科学教育和资源环境教育在教育资源上的共享性为两者的协同发展提供了有力保障。通过协同发展，我们可以更好地整合和利用教育资源，打破学科之间的壁垒，实现教育资源的优化配置和高效利用；同时，还可以丰富学生的实践经验，促进学科之间的交流与融合。

第二节　小学科学教材与资源环境教育的内在联系

一、培养环保意识

小学科学教材与资源环境教育之间的关联性，在培养学生环保意识方面表现得尤为突出。科学教材作为小学生接触自然和环境知识的重要途径，其内容选择和呈现方式对于培养学生的环保意识具有深远的影响。

小学科学教材中，通常会介绍各种自然现象，如水的循环、植物的生长、动物的行为等。通过对这些内容的学习，学生可以了解到自然界中的万物是如何相互依存、相互影响的。同时，教材中也会涉及一些环境污染和生态保护的话题，如水质污染、空气污染、森林砍伐等。学习这些内容，可以帮助学生认识到人类活动对自然环境造成的破坏，以及这种破坏可能带来的严重后果。

例如，在小学科学教材中，有一章节专门介绍了水质污染的问题。通过对这一章节的学习，学生们了解到了水质污染的主要来源，如工业废水、生活污水、农业化肥等。同时，他们也了解到了水质污染对水生生物和人类健康的危害。这无疑会在学生的心中播下环保的种子，让他们意识到保护水资源的重要性。

除了水质污染之外，小学科学教材还会涉及其他许多与环境相关的话题。对这些话题的学习，不仅可以帮助学生了解环境问题的严重性和紧迫性，还可以激发他们的环保意识和责任感。例如，在学习了森林砍伐的内容后，许多学生都会意识到植树造林、保护森林的重要性，从而积极参与相关的环保活动。

此外，小学科学教材还注重通过实验和探究活动来培养学生的环保意识。例如，教材中会设计一些简单的实验，让学生亲身体验到环境污染的危害性。通过这些实验和探究活动，学生不仅可以增强自己的动手能力和实践能力，还可以更加深入地理解环保的重要性。

综上所述，小学科学教材与资源环境教育之间的关联性在培养学生环保意识方面体现得淋漓尽致。通过对科学教材的学习，学生可以了解到环境问题的严重性和紧迫性，从而树立起保护环境的坚定信念。这种信念将促使他们更加关注环境问题，积极参与环保活动，为推动可持续发展做出贡献。同时，小学科学教材也为培养学生的环保意识和责任感提供了丰富的素材和途径。

二、科学实践能力的提升

小学科学教材与资源环境教育的关联性，在提高学生实践能力方面表现得尤为显著。科学教育不仅仅是对理论知识的传授，更重要的是对实践能力的培养。而小学科学教材，作为科学教育的基础，其设计理念和内容安排都充分体现了这一点。

在小学科学教材中，我们可以看到大量的实践活动，如实验、调查、制作等。这些实践活动不仅丰富了学生的学习体验，更重要的是，它们为学生提供了亲身参与、动手实践的机会。通过这些实践活动，学生可以深入了解环境问题，直观感受人与自然的关系，从而提高他们的实践能力。

例如，在小学科学教材中，有一章节是关于垃圾分类的。这一章节不仅介绍了垃圾分类的重要性和方法，还设计了一系列实践活动，如垃圾分类游戏、制作垃圾分类手册等。通过这些实践活动，学生们不仅了解了垃圾分类的知识，还学会了如何将垃圾分类应用到日常生活中。这样的学习方式，无疑比单纯的理论学习更加有效，也更加有趣。

除了垃圾分类之外，小学科学教材中还有许多其他与环境相关的实践活动。比如，在学习水资源保护时，教材可以引导学生进行家庭用水调查，了解家庭用水情况并提出节水建议；在学习植物生长时，教材可以组织学生进行植物种植实验，观察植物的生长过程并了解植物对环境的影响。这些实践活动不仅可以帮助学生深入理解环境问题，还可以培养他们的观察能力、分析能力和解决问题的能力。

同时，这些实践活动也是培养学生创新精神的重要途径。在实践活动中，学生需要动手、动脑，需要独立思考、解决问题。这个过程本身就是对学生创新精神的培养和锻炼。通过不断的实践和创新，学生可以形成自己的见解和想法，为未来参与环保事业奠定基础。

综上所述，小学科学教材与资源环境教育的关联性在提高学生实践能力方面体现得淋漓尽致。通过科学教材中的实践活动的设计和实施，学生可以深入了解环境问题，提高实践能力，培养创新精神并解决问题。

三、知识视野的拓展

小学科学教材与资源环境教育的关联性，在拓展学生知识视野方面表现得尤为突出。科学教材作为传递知识、启迪思维的重要工具，其内容的广度和深度直接影响着学生的知识结构和认知水平。而小学科学教材所涉及的多学科领域知识，正是拓展学生知识视野、提高他们综合素质和能力的关键所在。

以生物领域为例，小学科学教材中会介绍各种生物的种类、习性、生长过程等知识。通过学习这些内容，学生可以了解到保护生物多样性的重要性，以及人类活动对生物生存环境的影响。比如，在学习动植物生长时，教材会引导学生观察植物的光合作用、动物的呼吸作用等现象，从而让学生理解生物与环境之间的紧密联系。这些知识不仅拓展了学生的视野，还为他们理解环境问题及其解决方法提供了生物学角度的思考。

在地理领域，小学科学教材会向学生介绍地球的结构、气候变化、自然灾害等内容。通过对这些知识的学习，学生可以更加全面地认识地球这个人类赖以生存的家园。比如，在学习气候变化时，教材会引入温室效应、全球变暖等概念，让学生了解到人类活动对气候的影响以及可能带来的后果。这些知识不仅有助于提高学生的环保意识，还为他们未来参与环保行动提供了地理学的知识支持。

除了生物和地理领域外，小学科学教材还涉及物理、化学等其他多个学科领域的知识。这些知识同样可以拓展学生的视野，提高他们的综合素质和能力。比如，在学习物理现象时，教材会引导学生探究声音的传播、光的反射等现象；在学习化学变化时，教材会向学生介绍物质的性质、化学反应等基础知识。这些知识不仅让学生了解到自然界的奥秘和规律，还为他们理解环境问题及其解决方法提供了多学科角度的思考。

值得一提的是，小学科学教材在拓展学生知识视野的同时，还注重培养学生的探究精神和创新能力。教材中设计了许多实验、观察、调查等实践活动，让学生在亲身体验中发现问题、提出问题并尝试解决问题。这种学习方式不仅有助于培养学生的实践能力和创新精神，还为他们未来参与环保事业提供了宝贵的经验和能力支持。

综上所述，小学科学教材与资源环境教育的关联性在拓展学生知识视野方面体现得十分明显。通过学习科学教材中涉及的多学科领域知识，学生可以更加全面地认识环境问题及其解决方法，提高自己的综合素质和能力。

第三节　小学科学教材中的资源环境教育内容分析

　　小学科学教材是小学生学习科学知识、培养科学素养的重要载体。资源环境教育则是以提高人们的环境意识和实践能力为目标，培养具有环境素养的公民，推动可持续发展的社会实践活动。[①] 两者之间存在密切的关联性。本节将从多个方面详细论述小学科学教材与资源环境教育的关联性，以期为小学科学教育和资源环境教育的融合提供参考和借鉴。

一、自然现象与环境保护

　　小学科学教材作为孩子们科学启蒙的重要读物，其中涉及的自然现象与环境保护内容尤为关键。这些内容不仅帮助学生了解自然世界的奥秘，还引导他们认识人类与自然环境之间的紧密联系，从而培养他们的环保意识和责任感。

　　在众多自然现象中，天气变化是学生们最为熟悉且感兴趣的。小学科学教材通过生动的插图和简洁的文字，向学生介绍了晴、雨、雪、风等各种天气现象。然而，教材并没有停留在对表面现象的描述上，而是进一步引导学生思考这些天气变化与环境保护的关系。例如，教材中可能会提到，极端天气现象的增多与全球气候变化有关，而气候变化又与人类活动产生的温室气体排放密不可分。通过这样的引导，学生们能够意识到自己的日常行为也可能对地球环境产生影响，从而更加珍惜资源，减少浪费。

―――――――

　　① 马艳艳. 文化与道德的关系及道德建设探究 [D]. 南昌：江西师范大学，2015.

　　水的循环是另一个与环境保护紧密相连的自然现象。小学科学教材通过图解和实验等方式，帮助学生理解水在自然界中的循环过程，从雨水降落到地面，形成河流、湖泊和地下水，再通过蒸发和植物蒸腾作用返回大气中。在这个过程中，学生可以深刻体会到水资源的宝贵。教材进一步指出，随着人口的增长和工业的发展，水资源面临着日益严重的污染和短缺问题。因此，节约用水、保护水资源成为每个人义不容辞的责任。

　　除了天气变化和水的循环外，植物的生长也是小学科学教材中重要的自然现象之一。通过观察植物的生长过程，学生们可以了解到植物对于环境的适应能力以及它们在生态平衡中的重要作用。教材可能会以案例的形式介绍一些具有特殊环保意义的植物，如能够吸收空气中有害物质的绿色植物、能够防止水土流失的固沙植物等。这些案例不仅丰富了教材内容，还激发了学生对植物世界的好奇心和探索欲望。同时，通过亲手种植和照顾植物，学生们也能更加直观地感受到植被保护对于维护生态平衡的重要性。

　　综上所述，小学科学教材中的自然现象与环境保护内容紧密相连，为学生提供了丰富的环保教育素材。通过学习这些内容，学生们不仅能够掌握自然知识，还能够培养环保意识和社会责任感。为了更好地发挥这些内容的教育作用，教师在教学过程中应注重引导学生思考、探索和实践，让他们在亲身体验中感受到环保的重要性并付诸行动。

二、环境污染与治理

　　环境污染作为当前全球关注的热点问题，已经渗透到了我们生活的方方面面。小学科学教材，作为孩子们接触科学知识的第一扇窗，也不可避免地涉及了这一重要议题。教材中详细介绍了空气污染、水污染、土壤污染等多种形式的污染，以及它们给人类和整个生态系统带来的深远影响。

空气污染是学生们最为熟悉的一种污染形式。教材中可能会以图文结合的方式，展示工厂排放的滚滚浓烟、汽车尾气形成的厚重雾霾，让学生直观地感受到空气污染的严重性。然后，教材会深入剖析空气污染的成因，如工业废气的排放、交通工具的尾气等，并指出这些污染物对人体健康的危害，如引发呼吸系统疾病、影响植物生长等。通过这样的学习，学生们能够深刻认识到减少空气污染的重要性，从而在日常生活中更加注重绿色出行、节能减排。

水污染同样是教材中不可忽视的内容。以河流为例，教材可能会展示一条原本清澈的河流，在受到工业废水、生活污水等污染后，变得浑浊不堪、臭气熏天。这种鲜明的对比，让学生深刻体会到水污染的严重性。接着，教材会引导学生思考如何治理水污染，如建设污水处理厂、推广节水技术等。通过这样的学习，学生们不仅能够了解到水污染的成因和危害，还能够掌握一些实用的治水方法和技术。

土壤污染虽然不如空气污染和水污染那么直观，但它的危害性同样不容小觑。教材中可能会以案例的形式介绍一些典型的土壤污染事件，如重金属超标导致的农产品质量下降、化工废料渗透导致的地下水污染等。这些案例让学生意识到土壤污染就在我们身边，并且与我们的生活息息相关。然后，教材会探讨土壤污染的治理方法，如土壤修复技术、生态农业等。通过这样的学习，学生们能够了解到土壤污染的危害性和治理的紧迫性。

综上所述，小学科学教材中的环境污染与治理内容旨在培养学生的环境意识和社会责任感。通过学习这些内容，学生们不仅能够了解到环境污染的严重性和危害性，还能够掌握一些实用的环保知识和技能，提高他们的环保素养和参与环保行动的积极性。

三、生态保护与可持续发展

生态保护与可持续发展，作为当代社会的重要议题，已经深入人心。小学科学教材，在这一方面也做出了积极的响应，将生态保护与可持续发展的理念融入其中，通过生动有趣的案例和深入浅出的讲解，引导学生们认识到生态保护的重要性，以及可持续发展的必要性和紧迫性。

生物多样性是生态保护的核心内容之一。小学科学教材中，通过丰富多彩的生物图片和生动有趣的生物故事，向学生们展示了生物多样性的魅力。教材中可能会介绍不同种类的动植物，以及它们各自独特的生活习性和生存环境。例如，热带雨林中的猴子、草原上的狮子、海洋中的鲸鱼等，它们都是生物多样性的重要组成部分。通过学习这些内容，学生们能够认识到每一种生物都有其存在的价值和意义，从而更加珍惜和保护我们共同生活的地球家园。

除了生物多样性外，生态系统的平衡也是生态保护的重要内容。教材中可能会以生态系统的案例为切入点，引导学生们思考生态系统中的各个组成部分之间的相互关系。例如，森林生态系统中的树木、动物、微生物等，它们之间相互依存、相互制约，共同维持着生态系统的平衡。如果其中的某一部分受到破坏，整个生态系统都会受到影响。通过这样的学习，学生们能够深刻认识到生态保护的重要性，以及我们每个人在维护生态平衡中的责任和义务。

可持续发展的理念和实践也是小学科学教材中不可或缺的内容。教材中可能会以案例的形式介绍一些可持续发展的实践项目，如垃圾分类、节能减排、绿色出行等。这些实践项目不仅能够帮助学生们了解可持续发展的具体行动和实践成果，还能够激发他们参与环保行动的热情和积极性。例如，某小学开展的垃圾分类项目，通过引导学生们分类投放垃圾，减少了垃圾的数量和污染的程度，同时也提高了学生们的环保意识和实践能力。

综上所述，小学科学教材中的生态保护与可持续发展内容旨在培养学生的生态意识和环保意识，推动他们成为具有环保意识的公民。通过学习这些内容，学生们不仅能够认识到生态保护的重要性和可持续发展的必要性，还能够掌握一些实用的环保知识和技能，提高他们的环保素养和参与环保行动的能力。

第四节　小学科学教材中资源环境教育的典型问题

一、资源环境内容单一

在传统的小学科学教材中，资源环境教育的内容往往显得单一和片面。这些教材通常只涉及一些基础的环境知识，如自然资源的分类、环境污染的危害等，而没有深入地探讨环境问题的根源、影响以及解决方案。这种内容设置的方式，虽然为学生提供了一些基本的环境知识，但却难以帮助他们全面、深入地了解环境问题的复杂性和紧迫性。

首先，传统小学科学教材在资源环境教育方面的内容单一性体现在缺乏深度和广度。例如，在介绍自然资源的分类时，教材往往只是简单地列举出几种常见的自然资源，如水、土壤、矿产等，而没有进一步探讨这些资源的形成过程、分布特点以及开发利用中可能遇到的问题。同样地，在介绍环境污染的危害时，教材也只是泛泛而谈地描述了一些污染现象和其对人类健康的影响，而没有深入分析污染产生的根源和防治措施。这样的内容设置使得学生很难对环境问题有深入的认识。

其次，传统小学科学教材在资源环境教育方面的单一性还体现在缺乏实际案例的支撑。环境问题是与现实生活紧密相连的，只有通过具体的案例才能让学生更加直观地感受到环境问题的严重性和紧迫性。然而，传统的小学科学教材在这方面做得并不够好。例如，某小学科学教材在介绍水污染的危害时，只是简单地提到了水污染会导致人类健康问题，却没有结合具体的案例来说明这一点。如果教材能够引入一些实际的案例，如某地因为工业废水排放导致河水污染，当地居民因此患上了严重的皮肤病等，那么学生就能够更加直观地感受到水污染的危害性，从而更加重视环境保护的重要性。

综上所述，传统小学科学教材在资源环境教育方面存在内容单一的问题。这种单一性不仅体现在缺乏深度和广度上，还体现在缺乏实际案例的支撑上。为了提高学生的环保意识和实践能力，应该对传统的小学科学教材进行改进和优化，增加更多具有深度和广度的内容以及实际案例的支撑，从而帮助学生更加全面、深入地了解环境问题的复杂性和紧迫性。

二、资源环境教育实践性不足

在传统的小学科学教育中，资源环境教育的内容往往局限于理论知识的传授，而缺乏实践性的教学活动。这种偏重于理论的教学方式，使得学生在学习过程中缺乏实践性和体验性，难以真正理解和掌握环境知识。同时，这也限制了学生实践能力和创新精神的培养，不利于他们全面发展。

首先，传统小学科学教材在资源环境教育方面缺乏实践性，主要表现在对实践活动的忽视。这些教材往往只是简单地列举一些环境知识，而没有设计相应的实践活动来让学生亲身体验和探究。例如，在介绍垃圾分类的知识时，教材可能只是告诉学生垃圾分类的重要性和分类方法，但却没有引导学生亲自去进行分类操作。这样的教学方式使得学生很难真正掌握垃圾分类的技巧和方法，也无法体会到垃圾分类的实际意义。

其次，缺乏实践性还体现在教材内容与实际生活的脱节。传统的小学科学教材往往只是抽象地介绍一些环境概念和知识，而没有将这些知识与实际生活联系起来。这使得学生在学习过程中难以产生共鸣和兴趣，也无法将所学知识应用到实际生活中去。例如，在介绍节约用水的知识时，教材可能只是简单地告诉学生要节约用水，但却没有引导学生去思考如何在日常生活中做到节约用水。这样的教学方式使得学生很难真正形成节约用水的意识和习惯。

最后，缺乏实践性还限制了学生实践能力和创新精神的培养。实践活动是培养学生实践能力和创新精神的重要途径。通过实践活动，学生可以亲自动手、动脑去解决问题，从而锻炼他们的实践能力和创新精神。然而，传统的小学科学教材却往往忽视了这一点。它们只是注重理论知识的传授，而没有为学生提供足够的实践机会。这使得学生在学习过程中只能被动地接受知识，而无法主动地去探究和发现。例如，在某小学科学教材中，关于环境保护的内容只是简单地介绍了一些环保知识和方法，而没有设计相应的实践活动来让学生亲身体验和探究。这样的教学方式使得学生很难真正理解和掌握环保知识，也无法培养他们的环保意识和实践能力。而如果教材能够设计一些实践活动，如环保手工制作、环保调查等，那么学生就能够通过亲身体验来深入了解环境问题及其解决方法，从而提高他们的环保意识和实践能力，并促进对学生实践能力和创新精神的培养。

综上所述，传统小学科学教材在资源环境教育方面存在缺乏实践性的问题。这种缺乏实践性不仅体现在对实践活动的忽视上，还体现在教材内容与实际生活的脱节上，以及限制了对学生实践能力和创新精神的培养上。

三、资环环境教育与现实生活脱节

在深入探讨传统小学科学教材中资源环境教育的问题时，不得不提及一个显著的问题：与现实生活脱节。这一问题不仅影响了学生对环境知识的理解和应用，还削弱了他们对环境问题现实意义和重要性的认识。

首先，传统的小学科学教材在资源环境教育方面往往过于理论化，缺乏与现实生活的紧密联系。教材内容往往只是抽象地介绍一些环境概念和知识，而没有将这些知识与学生的实际生活相结合。例如，在介绍能源利用的知识时，教材可能只是简单地告诉学生要节约能源，但却没有引导学生去思考如何在日常生活中做到节能减排。这样的教学方式使得学生很难将所学知识与实际生活联系起来，也无法真正理解节约能源的重要性和紧迫性。

其次，与现实生活脱节还体现在教材内容的更新上。随着科技的快速发展和社会的进步，环境问题也在不断地变化和演变。然而，传统的小学科学教材却往往没有及时更新内容，导致教材内容与现实生活存在较大的差距。例如，在介绍环保技术时，一些传统的教材可能还在介绍已经过时的技术或方法，而没有涉及最新的环保技术和理念。这样的教材内容不仅无法激发学生的学习兴趣和探究欲望，还可能误导他们对环保技术的认识和理解。

最后，与现实生活脱节同样限制了对学生实践能力和创新精神的培养。实践活动是培养学生实践能力和创新精神的重要途径。然而，传统的小学科学教材却往往忽视了这一点。它们只是注重理论知识的传授，而没有为学生提供足够的实践机会。这使得学生在学习过程中只能被动地接受知识，而无法主动地去探究和发现。

例如，在某地区的一所小学中，科学教师发现学生们对环保行动缺乏兴趣和参与热情。经过深入了解，教师发现这与教材内容与现实生活脱节有很大的关系。于是，教师决定对教材内容进行改进和优化，增加更多与现实生活相关的内容和案例。例如，在介绍水资源保护时，教师结合当地的水资源状况和水污染问题进行了讲解和分析，并引导学生思考如何在日常生活中做到节约用水和保护水资源。同时，教师还设计了一些实践活动，如"家庭用水调查""制作节水宣传海报"等，让学生亲身体验和探究水资源保护的重要性和方法。通过这样的改进和优化，教师发现学生们对环保行动的兴趣和参与热情明显提高了，他们也更加关注身边的环境问题，并积极参与环保行动。

综上所述，传统小学科学教材在资源环境教育方面存在与现实生活脱节的问题。为了提高学生的环保意识和实践能力，以及培养他们的创新精神和社会责任感等综合素养，我们应该对传统的小学科学教材进行改进和优化，增加更多与现实生活相关的内容和案例，同时设计更多具有实践性和体验性的教学活动，帮助学生更好地理解和应用环境知识，并真正认识到环境问题的现实意义和重要性。

第五节　小学科学与资源环境教育融合策略分析

一、教材内容优化

小学科学教材与资源环境教育的融合策略中，整合教材内容是一项至关重要的举措。通过将自然现象、环境污染和生态保护等内容有机地整合到教材中，可以形成一个连贯、系统的环境教育体系，从而更好地引导学生理解环境问题及其解决方法，培养他们的环保意识和实践能力。

首先，优化教材内容有助于呈现一个全面的环境画卷给学生。自然现象、环境污染和生态保护是环境问题的三个重要方面，它们相互关联、相互影响。通过将这三方面内容整合到教材中，可以让学生对环境问题有一个更加全面、深入的认识。例如，在学习自然现象时，可以引入环境污染的实例，让学生了解到人类活动对自然环境造成的破坏；在学习生态保护时，可以介绍一些成功的环保案例，让学生了解到环保行动的重要性和可行性。

其次，整合教材内容可以提高学生的环保意识。通过呈现环境问题的严重性和紧迫性，以及环保行动的必要性和可行性，可以激发学生的环保责任感和使命感。例如，在教学中可以设置一个环保主题单元，通过讲述一些真实的环保故事、展示一些触目惊心的环境破坏图片等方式，让学生深刻认识到环保的重要性。同时，还可以设计一些环保实践活动，如垃圾分类、节约用水等，让学生在实践中体验环保、参与环保。

再次，整合教材内容可以培养学生的实践能力。实践是检验真理的唯一标准，也是提升学生环保意识的重要途径。通过整合教材内容，可以设计一系列具有连贯性和系统性的实践活动，让学生在实践中深入了解环境问题及其解决方法。例如，在学习水质污染时，可以组织学生开展水质调查实验，让他们亲手采集水样、进行简单化验分析，从而更加直观地了解水质污染的危害和治理方法。这样的实践活动不仅可以提高学生的动手能力，还可以培养他们的观察、分析和解决问题的能力。

最后，以具体案例为例来说明整合教材内容的实施效果。在某地区采用整合后的科学教材进行实验教学后发现，学生对环境问题的关注度明显提高了。他们更加积极地参与环保活动，如校园绿化、节能减排等。同时，他们也更加善于发现和解决身边的环境问题。这些变化充分证明了整合教材内容对于加强小学科学教材与资源环境教育的关联性具有积极的推动作用。

综上所述，整合教材内容是加强小学科学教材与资源环境教育关联性的有效策略之一。通过将自然现象、环境污染和生态保护等内容有机地整合到教材中并辅以实践活动的设计与实施等措施，可以帮助学生更好地理解环境问题及其解决方法，并提高他们的环保意识和实践能力。

二、跨学科有效整合

随着环境保护意识的日益增强，资源环境教育在小学科学教材中的重要性也日益凸显。为了更好地培养学生的环保意识和实践能力，我们可以将小学科学教材中的资源环境教育内容进行跨学科整合，打破学科之间的壁垒，让学生在多个学科中学习和应用环境知识。

跨学科整合是一种有效的教学方法，它可以将不同学科的知识和技能有机地融合在一起，形成一个更加完整、系统的知识体系。在小学科学教材中，资源环境教育内容可以与语文、数学、美术等学科进行整合，让学生在学习科学知识的同时，也能够培养环保意识和实践能力。

例如，在科学课程中，学生可以学习到关于环境保护的基础知识，如垃圾分类、节能减排等。而这些知识可以与语文学科进行整合，让学生通过阅读环保主题的课文或文章，深入了解环境保护的重要性和方法。在阅读过程中，学生可以结合科学知识进行分析和理解，形成更加深刻的认识。

又如，在数学课程中，学生可以学习到关于数据统计和分析的知识。这些知识可以与资源环境教育内容进行整合，让学生通过对环境数据的收集和分析，了解环境问题的现状和发展趋势。例如，学生可以对校园内的垃圾分类情况进行调查和数据统计，然后利用数学知识进行分析和总结，提出改进建议。这样的教学方式不仅可以让学生巩固数学知识，还可以培养他们的环保意识和实践能力。

此外，美术学科也可以与资源环境教育内容进行整合。在美术课程中，学生可以学习到关于艺术创作的知识和技能。而这些知识和技能可以与环保主题相结合，让学生通过艺术创作来表达对环境保护的关注和呼吁。例如，学生可以利用废旧物品进行创意制作，将废弃物变废为宝，既锻炼了自己的动手能力，又传递了环保理念。

在实际教学中，已经有不少教师积极探索并实践了跨学科整合的有效方式。例如，在某小学的科学课堂上，教师组织了一次以"环保小卫士"为主题的跨学科综合实践活动。在这次活动中，学生结合科学、语文、数学和美术等学科知识进行了一系列环保实践活动。他们首先通过科学实验探究了垃圾分类的方法和原理；然后结合语文知识撰写了环保宣传标语和倡议书；接着利用数学知识对校园内的环境数据进行了收集和分析；最后通过美术创作将废弃物变成了精美的手工艺品。这样的教学方式不仅让学生在多个学科中学习和应用了环境知识，还提高了他们的综合素质和实践能力。

综上，跨学科整合是小学科学教材中资源环境教育内容的重要探索方向。通过与语文、数学、美术等学科的整合，让学生在多个学科中学习和应用环境知识，不仅可以拓宽学生的知识视野，还可以培养他们的环保意识和实践能力。

三、实践活动的增强与设计

小学科学教材与资源环境教育的融合策略中，强化实践活动无疑是一项非常关键的举措。实践活动不仅是科学教育的重要组成部分，更是资源环境教育得以落地生根的重要途径。通过设计一系列与环保紧密相关的实践活动，我们可以让学生在亲身体验中深化对环境问题的认识，提升他们的实践能力和创新精神。

首先，强化实践活动有助于学生更加深入地了解环境问题及其解决方法。例如，在设计环保调查活动时，教师可以引导学生关注身边的环境问题，如水质污染、空气污染等，并让他们通过实地调查、收集数据、分析原因等方式，深入了解这些问题的成因和解决方案。这样的活动不仅能让学生直观地感受到环境问题的严重性，还能激发他们的探究欲望，促使他们主动去寻求解决问题的方法。

其次，强化实践活动可以提高学生的实践能力。实践活动需要学生动手、动脑，需要他们运用所学知识去解决实际问题。在这个过程中，学生的观察能力、分析能力、解决问题的能力都会得到锻炼和提高。例如，在制作环保手工品时，学生需要思考如何利用废旧物品创作出既美观又实用的作品。这样的活动不仅能培养学生的创新思维和动手能力，还能让他们学会从生活中发现美、创造美。

再者，强化实践活动可以培养学生的创新精神。实践活动为学生提供了广阔的创新空间。在这个空间里，学生可以充分发挥自己的想象力和创造力，去尝试不同的方法、探索不同的路径。例如，在设计环保宣传方案时，教师可以鼓励学生大胆提出自己的想法和建议，如制作环保海报、拍摄环保微电影等。这样的活动不仅能激发学生的创新热情，还能培养他们的团队合作精神和社会责任感。

最后，让我们通过一个具体案例来进一步说明强化实践活动的实施效果。在某小学的科学课堂上，教师组织了一次以"垃圾分类"为主题的实践活动。活动中，学生被分成若干小组，每组负责调查学校不同区域的垃圾分类情况，并提出改进建议。通过这次活动，学生们不仅了解了垃圾分类的重要性和方法，还学会了如何与他人合作、如何有效沟通等技能。同时，他们也深刻体会到了环保行动的力量和意义。

综上所述，强化实践活动是加强小学科学教材与资源环境教育关联性的重要策略之一。通过设计一系列与环保相关的实践活动并引导学生积极参与其中，可以帮助学生更加深入地了解环境问题及其解决方法，提高他们的实践能力和创新精神。

四、教育资源的共享利用

在推进小学科学教育与资源环境教育协同发展的过程中，教育资源的共享利用显得尤为重要。通过建立实验室、实践基地等教育资源的共享机制可以打破学校、地区之间的壁垒，让优质的教育资源得以充分利用，从而推动教育的均衡发展，提升整体教育质量。

实验室是科学教育的重要场所，对于学生理解科学原理、掌握实验技能具有重要意义。然而，由于一些学校条件有限，无法建立设施完备的实验室，导致学生在科学学习上有所不足。通过教育资源的共享利用，这些问题可以得到有效缓解。例如，某地区建立了一个科学教育实验中心，该中心配备了先进的实验设备和完善的教学资源，向周边学校开放。各学校可以组织学生到实验中心进行实验操作学习，共享这些优质的教育资源。这样一来，不仅提高了教育资源的利用效率，还促进了学校之间的交流与合作。

实践基地是资源环境教育的重要载体，能够让学生亲身参与环保实践，深入了解环境问题的实际状况。与实验室类似，一些学校由于条件限制无法建立自己的实践基地。这时，教育资源的共享利用就显得尤为重要。比如某地区的一个环保组织建立了一个生态教育实践基地，该基地拥有丰富的生态资源和多样的实践活动项目。通过与周边学校的合作共享，这个实践基地可以让更多的学生参与环保实践，亲身体验自然之美和生态之重要。这种共享利用的方式不仅丰富了学生的学习体验，还培养了他们的环保意识和实践能力。

除了实验室和实践基地外，教育资源的共享利用还可以体现在其他方面。例如：可以建立在线教育平台整合优质的教育资源供学生自主学习和探究；可以开展校际合作交流活动分享各自的教学经验和成果；还可以鼓励企业和社会组织参与教育资源的共享利用，提供更多的支持和帮助。

在实际案例中，已经有不少地区和学校积极探索并实践了教育资源的共享利用方式，取得了良好的效果。例如：在某城市的多所学校之间建立了科学教育资源共享联盟，通过共享各自的实验室、图书馆等教育资源，实现了优势互补和协同发展；在某农村地区的一个环保项目中，通过建立生态教育实践基地吸引了周边多所学校的参与，让学生在实践中了解环境问题并探索解决之道；还有一些在线教育平台，通过整合全球优质的科学教育资源为广大学生提供了更加便捷、高效的学习方式。

综上所述，教育资源的共享利用对于推进小学科学教育与资源环境教育的协同发展具有重要意义。通过建立共享机制打破学校、地区之间的壁垒，我们可以让优质的教育资源得以充分利用，提高教育资源的利用效率，推动教育的均衡发展。

五、地域特色融入

小学科学教育作为培养学生科学素养的重要环节，应当紧密结合当地的实际情况，特别是地域特色，进行有针对性的教学。将地域特色融入资源环境教育内容中，不仅可以使教材更加贴近学生的实际生活，激发他们的学习兴趣，还有助于学生更加深入地了解当地的环境问题及其解决方法，提高他们的环保意识和实践能力。

地域特色是一个地区独有的自然、文化和社会特征的集合，它反映了该地区的历史、地理、生态和经济等方面的特点。在小学科学教材中，地域特色的融入可以通过结合当地的自然资源、生态环境等特色来设计一些具有地域特色的实践活动和案例。

例如，在一些山区地区，教材可以引入关于山地生态系统的内容，让学生通过实地考察和调研了解山地植被的分布特点、动植物的适应机制以及山地环境面临的问题。在这样的实践活动中，学生可以亲身体验到山地的美丽与脆弱，从而更加珍惜和保护自然环境。

又如，在一些水资源丰富的地区，教材可以围绕水资源的开发利用和保护来设计课程内容。通过组织学生参观当地的水利设施、了解水资源的循环利用和处理技术，让他们明白水资源的宝贵和节约用水的重要性。同时，还可以引导学生开展关于水污染防治的科学探究活动，培养他们的环保意识和解决问题的能力。

除了自然资源外，地域特色还可以包括当地的文化传统和社会习俗等方面。例如在一些少数民族地区，教材可以结合当地的民族文化和生活方式来介绍环保知识和实践技能。通过让学生了解本民族的生态智慧和传统技艺，引导他们将这些知识和技能应用到现代生活中去，实现传统文化的传承和创新发展。

在实际教学中，已经有不少教师尝试将地域特色融入小学科学教材的资源环境教育内容中，并取得了良好的效果。例如：在某沿海地区的小学科学课堂上，教师结合当地的海洋资源设计了一系列关于海洋生态保护的探究活动。学生们通过收集和分析海水样本、观察海洋生物的生活习性等方式深入了解了海洋生态系统的结构和功能。同时他们还积极参与海滩清洁等公益活动，用自己的实际行动保护家乡的海洋环境。

综上所述，将地域特色融入小学科学教材的资源环境教育内容中是一种行之有效的教学方法。它不仅可以增强教材的针对性和实用性，还可以激发学生的学习兴趣和探究欲望，培养他们的环保意识和实践能力。

六、信息化技术应用

随着信息化时代的迅猛发展，信息技术在教育领域的应用也日益广泛。为了更好地适应这一趋势，我们可以利用信息技术对小学科学教材中的资源环境教育内容进行创新，使教学更加生动、有趣和高效。

信息技术为小学科学教育提供了丰富多样的教学手段和资源。其中，多媒体技术以其直观、形象的特点，成为小学科学教学中不可或缺的一部分。通过利用图像、声音、视频等多媒体元素，我们可以将抽象的科学知识和环境概念以更加生动的方式呈现给学生。例如，在介绍生物多样性时，可以利用多媒体技术展示不同种类的动植物图片或视频，让学生更加直观地了解生物的多样性和生态系统的复杂性。

除了多媒体技术外，网络技术也为小学科学教学提供了更加广阔的空间。通过网络技术，我们可以实现教育资源的共享和优化配置，为学生提供更加丰富、多样的学习体验。例如，可以建立在线教育平台，整合小学科学教材中的资源环境教育内容，供学生自主学习和探究。学生可以在平台上观看科普视频、参与在线讨论、完成互动练习等，从而更加全面地了解环境保护的重要性和方法。

在实际教学中，已经有不少教师积极探索并实践了利用信息技术进行小学科学教学的有效方式。例如，在某小学的科学课堂上，教师利用多媒体技术制作了一个关于垃圾分类的互动游戏。学生通过操作电脑上的虚拟垃圾桶，将不同种类的垃圾正确分类。这样的教学方式不仅提高了学生的学习兴趣和参与度，还让他们在游戏中掌握了垃圾分类的知识和技能。

又如，在某小学的环境教育课程中，教师利用网络技术引导学生开展了一次在线环保宣传活动。学生通过社交媒体向身边的人传递环保理念和行动呼吁，并收集他们的反馈和意见。这样的教学方式不仅拓展了学生的学习空间和实践领域，还培养了他们的社会责任感和团队协作能力。

综上所述，利用信息技术对小学科学教材中的资源环境教育内容进行创新是一种行之有效的教学方法。通过多媒体、网络等技术的应用我们可以设计出生动活泼、互动性强的学习资源和活动，激发学生的学习兴趣和好奇心，提高他们的学习效果，培养他们的创新能力。

七、加强师资培训

在推进小学科学教育与资源环境教育协同发展的过程中，加强师资培训显得尤为重要。教师作为教育的核心力量，他们的教学理念和教学能力直接影响着学生的学习效果和综合素质的培养。因此，通过组织教师培训、开展教学研讨等活动，提高教师对这两个领域的认识和教学能力，成为协同发展的关键一环。

首先，可以组织专门针对小学科学教师和资源环境教师的联合培训。这样的培训可以围绕协同发展的教育理念、教学方法和教育资源整合等方面展开。例如，可以邀请教育专家、学者和优秀教师进行授课和交流，分享他们在小学科学教育和资源环境教育方面的成功经验和教学案例。通过这样的培训，教师们可以深入了解这两个领域的最新动态和趋势，拓宽教学视野，提升教学水平。

其次，可以开展教学研讨活动，鼓励教师们共同探讨小学科学教育与资源环境教育的协同发展问题。例如，可以组织教师们围绕"如何在科学课程中融入环境教育内容""如何利用环境教育资源进行科学实验教学"等主题进行研讨和交流。这样的活动可以激发教师们的思维火花，促进他们之间的合作与交流，形成教学相长的良好氛围。

在实际教学中，已经有不少学校和教师积极探索并实践了加强师资培训的有效方式。例如，某小学组织了一次科学教师与资源环境教育教师的联合教研活动。活动中，两位教师共同设计了一堂以"生物多样性保护"为主题的综合实践课。他们通过共同备课、互相学习交流经验和方法，将科学知识与环境教育内容有机结合，引导学生们深入探究生物多样性的重要性和保护方法。这样的教学实践不仅丰富了学生的学习体验，还促进了教师之间的专业成长和团队协作。

除了校内的师资培训外，还可以鼓励教师们参加校外的学术研讨会、教育论坛等活动，与更广泛的教育同行进行交流和合作。这样的活动可以帮助教师们及时了解最新的教育理念和教学方法，拓宽教学思路，提升教学水平。同时，还可以通过与同行的交流，发现自身的不足和需要改进的地方，从而不断完善自己的教学实践。

综上所述，加强师资培训是推进小学科学教育与资源环境教育协同发展的重要保障。通过组织教师培训、开展教学研讨等活动，可以提高教师对这两个领域的认识和教学能力，促进合作与交流，形成更加完整的教育体系。

八、合作机制的建立

在推进小学科学教育与资源环境教育协同发展的过程中，建立合作机制显得尤为重要。这种合作机制可以打破学校、地区之间的壁垒，促进不同教育主体之间的交流与合作，为两个领域的协同发展搭建坚实的平台。

校际合作是建立合作机制的一种有效方式。不同学校之间可以通过签订合作协议、互派教师交流学习、共同开发教育资源等方式开展合作。例如，某地区的两所小学就成功建立了校际合作机制，在科学教育和资源环境教育领域取得了显著成效。他们共同设计了跨学科的课程项目，如"环境保护科学探究活动"，在这个项目中，学生们结合科学知识和环境知识，对校园周边的环境问题进行调查和研究。两所学校的教师也定期进行教学研讨，分享各自的教学经验和资源，不断优化课程设置和教学方法。这种校际合作不仅提高了教学效果，还促进了学校之间的友好关系和文化交流。

地区合作也是推动小学科学教育与资源环境教育协同发展的重要途径。不同地区的教育部门可以联合起来，共同制定教育政策、规划教育资源、组织教师培训等。例如，某地区的教育部门就组织了"科学教育与资源环境教育协同发展研讨会"，邀请了各个学校的校长和教师代表参加。在研讨会上，与会者就如何整合教育资源、优化课程设置、开展实践活动等问题进行了深入探讨和交流。通过这次研讨会，该地区的教育部门成功促成了多所学校之间的合作与交流，为两个领域的协同发展注入了新的活力。

除了校际合作和地区合作外，还可以探索其他形式的合作模式。例如，可以与企业、科研机构等社会机构进行合作，共同开发教育资源和实践项目。这种合作模式可以充分利用社会机构的专业优势和实践经验，为学生提供更加丰富和实用的学习体验。同时，还可以借助互联网等现代信息技术手段，开展线上合作与交流，打破时空限制，实现教育资源的广泛共享和高效利用。

在实际操作中，建立合作机制需要遵循一定的原则和方法。首先，要明确合作的目标和内容，确保合作符合双方的需求和利益；其次，要制定详细的合作计划和实施方案，确保合作的顺利进行；最后，要建立有效的沟通机制和评估机制，及时解决合作过程中出现的问题和困难，确保合作的长期稳定发展。

综上所述，建立合作机制是推进小学科学教育与资源环境教育协同发展的关键一环。通过校际合作、地区合作等多种形式的合作与交流，可以共享教育资源、优化课程设置、联合开展实践活动等推动这两个领域的协同发展。

九、课外资源的拓展与利用

小学科学教材与资源环境教育的融合策略中，拓展课外资源是一项重要的举措。课外资源不仅为科学教育提供了丰富的素材和案例，更是资源环境教育得以深入开展的重要支撑。通过拓展课外资源的利用，我们可以让学生在更加广阔的领域中探究环境问题，提高他们的环保意识和实践能力。

首先，拓展课外资源有助于学生更加全面地了解环境问题及其解决方法。例如，在利用网络资源时，教师可以引导学生关注一些环保网站、抖音科普公众号等，从中获取最新的环保资讯、了解前沿的环保技术。这些资源不仅丰富了学生的知识视野，还让他们对环境问题有了更加深入、全面的认识。同时，科技馆、博物馆等场馆资源也为学生提供了亲身体验的机会。在这些场馆中，学生可以通过参观展览、参与互动体验等方式，直观地了解环境问题及其解决方案。

其次，拓展课外资源可以提高学生的环保意识和实践能力。通过参与课外环保教育活动，学生可以更加深刻地认识到环保的重要性，从而在日常生活中更加注重环保行动。例如，在参加一次由当地环保组织举办的垃圾分类宣传活动时，学生们不仅了解了垃圾分类的知识和技巧，还亲手制作了垃圾分类宣传海报，向社区居民宣传垃圾分类的重要性。这样的活动不仅提高了学生的环保意识，还锻炼了他们的实践能力和创新精神。

再次，拓展课外资源还可以培养学生的社会责任感和团队合作精神。在参与课外环保教育活动时，学生需要与他人合作，共同解决问题。这个过程中，学生的团队合作精神和沟通能力都会得到锻炼和提高。例如，在参加一次环保志愿者活动时，学生们需要分工合作、互相配合，共同完成一项环保任务。这样的经历不仅让学生学会了如何与他人合作，还让他们体会到了团队合作的力量和意义。

最后，让我们通过一个具体案例来进一步说明拓展课外资源的实施效果。在某地区的一所小学中，科学教师利用当地的自然资源开展了一次以"保护生物多样性"为主题的课外教育活动。活动中，教师带领学生前往当地的自然保护区进行实地考察和学习。通过这次活动，学生们不仅了解了生物多样性的重要性和保护方法，还对当地的自然环境有了更加深入的认识和了解。同时，他们也深刻体会到了环保行动的力量和意义，纷纷表示要在日常生活中更加注重环保行动和对生物多样性保护。

综上所述，拓展课外资源是加强小学科学教材与资源环境教育关联性的重要策略之一。通过利用网络资源、科技馆等场馆资源以及开展课外环保教育活动等方式，可以帮助学生更加全面地了解环境问题及其解决方法，提高他们的环保意识和实践能力。

第七章

小学科学与资源环境教育融合的实践与经验

第一节　小学科学与资源环境教育融合的典型案例

一、实践活动案例：环境考察与记录

随着环境问题日益凸显，小学科学教育与资源环境教育的融合成为重要的教育任务。为了探索这种融合模式，本节选取了一个实践活动案例进行详细分析。该案例以某小学为实践对象，通过整合小学科学教材和资源环境教育内容，设计并实施了一系列实践活动，旨在培养学生的科学素养和环境意识。本节将从活动背景、设计思路、实施过程、效果评价等方面进行详细论述，以期为相关教育实践提供参考和借鉴。

（一）活动背景

某小学位于城市郊区，周边环境资源丰富，包括森林、湖泊、农田等。然而，近年来，随着城市化的推进，环境问题逐渐凸显，如水资源污染、生物多样性减少等。为了让学生更好地了解环境问题及其解决方法，该校决定整合小学科学教材和资源环境教育内容，开展一系列实践活动。

（二）设计思路

1. 整合教材内容

该校选取了小学科学教材中与资源环境教育相关的内容，如自然资源的分类、环境污染的危害等，与资源环境教育内容进行整合。通过整合，形成了更加完整和系统的教育体系，有助于学生全面了解环境问题及其解决方法。

2. 设计实践活动

根据整合后的教育内容，该校设计了一系列实践活动，包括环保调查、制作环保作品、开展环保宣传等。这些活动旨在让学生在实践中了解环境问题及其解决方法，提高他们的实践能力和创新精神。

3. 利用地域特色资源

为了更好地体现地域特色，该校充分利用了周边的环境资源，如森林、湖泊、农田等，作为实践活动的场所。这不仅可以让学生更加深入地了解当地的环境问题及其解决方法，还可以增强他们对家乡的归属感和自豪感。

（三）实施过程

1. 活动准备阶段

在活动准备阶段，该校进行了以下工作：（1）组织教师培训，提高教师对资源整合和实践活动的认识和教学能力；（2）与学生家长沟通，征得他们的同意和支持；（3）准备相关器材和资料，如调查表、制作材料等。

2. 活动实施阶段

在活动实施阶段，该校按照以下步骤进行了实践：（1）组织学生进行环保调查，了解周边的环境问题及其解决方法；（2）指导学生制作环保作品，如废物利用的手工制品等；（3）开展环保宣传活动，如举办环保讲座、制作环保宣传板报等。在活动过程中，教师起到了引导和指导作用，而学生则积极参与其中，发挥自己的主动性和创造性。

（四）效果评价

为了评价实践活动的效果，该校进行了以下工作：

1. 学生反馈评价

通过问卷调查和个别访谈的方式，收集学生对实践活动的反馈意见。结果显示，大部分学生对实践活动表示满意和喜欢，认为这些活动让他们更加深入地了解了环境问题及其解决方法，提高了他们的实践能力和创新精神。同时，他们也提出了一些建议和改进意见，如增加实践活动的次数和时间、丰富实践活动的形式和内容等。

2. 教师评价反思

通过教师评价和反思的方式，对实践活动的效果进行评价和总结。结果显示，大部分教师认为实践活动取得了较好的效果，学生在实践中更加深入地了解了环境问题及其解决方法，提高了他们的实践能力和创新精神。同时，他们也认为这种整合模式有助于提高教学质量和效果，推动小学科学教育与资源环境教育的协同发展。

通过对该实践案例的详细分析，我们可以得出以下结论：小学科学教材与资源环境教育的融合是可行的，且取得了较好的效果；实践活动是实现这种融合的有效途径之一，可以提高学生的实践能力和创新精神；地域特色资源的利用有助于增强学生对家乡的归属感和自豪感，推动小学科学教育与资源环境教育的协同发展。展望未来，我们可以进一步探索小学科学教育与资源环境教育的融合模式和方法，如跨学科整合、项目式学习等，以期为学生提供更加优质的教育资源和学习环境，推动教育的均衡发展。

（五）总结与反思

本次小学科学教育与资源环境教育的融合实践活动，以某小学为实践对象，通过整合教材内容与环保理念，设计并实施了一系列富有创意和实效性的教学活动。这些活动不仅涵盖了对科学知识的传授，更强调了对环境意识的培养和对实践能力的提升。在实施过程中，学生们积极参与，教师引导得当，整体效果良好。

然而，在活动结束后，我们也进行了深入的反思。首先，在活动设计上，虽然我们已经尽可能地考虑了学生的年龄特点和认知水平，但在实际操作中仍发现部分环节对于某些学生来说存在一定的难度。其次，在活动实施过程中，由于时间、场地等条件的限制，部分活动的开展并不如预期顺利。最后，在效果评价上，我们虽然收集到了一些积极的反馈，但也意识到评价体系的完善性和科学性还有待提高。

（六）学生反馈

为了更全面地了解活动的效果，我们收集了学生的反馈意见。总体来说，学生们对这次融合实践活动表现出了浓厚的兴趣和高度的参与热情。他们表示，通过这些活动，他们不仅学到了很多科学知识，还深刻认识到了保护环境的重要性。同时，他们也提出了一些具体的建议，如希望增加更多与日常生活紧密相关的环保实践活动，以及希望教师能在活动过程中给予更多的指导和帮助。

（七）教学效果分析

从教学效果来看，本次融合实践活动取得了显著的成效。首先，在知识掌握方面，学生们通过亲身参与和体验，对科学知识和环保理念有了更深刻的理解和记忆。其次，在能力提升方面，学生们的观察力、思考力和实践能力都得到了有效的锻炼和提高。最后，在情感态度方面，学生们对科学学习和环保行动产生了更浓厚的兴趣和更积极的态度。

然而，我们也注意到，由于各种因素的影响，部分学生在活动过程中的参与度和学习效果并不理想。这提示我们在未来的教学实践中需要更加关注个体差异，提供更具针对性的教学支持和引导。

（八）改进建议

针对本次实践活动中存在的问题和不足，我们提出以下改进建议：首先，在活动设计上应更加注重学生的个体差异和认知特点，设计更具层次性和针对性的活动方案；其次，在活动实施过程中应加强教师的引导和帮助作用，确保每个学生都能积极参与并取得实际成果；最后，在效果评价上应建立更加完善和科学的评价体系，以便更准确地了解活动的效果和学生的进步情况。

（九）结 论

综上所述，本次小学科学教育与资源环境教育的融合实践活动是一次有益的尝试和探索。通过整合教材内容与环保理念，设计并实施了一系列富有创意和实效性的教学活动，取得了显著的教学成果。然而，在活动设计和实施过程中也存在一些问题和不足，需要在未来的教学实践中加以改进和完善。我们相信，在不断的探索和实践中，小学科学教育与资源环境教育的融合将会更加深入和有效。

二、课堂教学类案例：资源保护的探究式学习

（一）案例背景

在某小学四年级的科学课程中，教师为了增强学生对资源环境保护的认识，特别设计了一堂融合资源环境教育的科学课。该课程以"水资源保护与利用"为主题，旨在通过实践活动，让学生深刻理解水资源的宝贵和节约用水的重要性。

（二）实施过程

教材分析：教师首先分析了科学教材中关于水资源的内容，发现教材主要介绍了水的循环、水的性质等基础知识，但缺乏与资源环境教育的直接联系。因此，教师决定对教材内容进行拓展和补充。

资源整合：教师从互联网上搜集了大量关于水资源短缺、水污染现状以及节约用水方法的资料，并制作成多媒体课件。同时，教师还联系了当地的水处理厂，为学生安排了一次实地参观活动。

课堂教学：在课堂上，教师首先利用多媒体课件向学生展示了全球和我国的水资源现状，让学生意识到水资源的紧缺和保护的迫切性。接着，教师引导学生讨论日常生活中浪费水的现象，并提出节约用水的具体措施。

实践活动：课后，教师组织学生开展"家庭用水调查"活动，要求学生记录自己家庭一周的用水量，并分析用水结构和节水潜力。此外，教师还鼓励学生设计并制作节水宣传海报，在校园内进行展示。

（三）效果分析

知识掌握：通过本次融合课程的学习，学生不仅掌握了科学教材中关于水资源的基础知识，还深入了解了水资源的珍贵性和保护的重要性。

环保意识提升：通过实地参观和课堂讨论，学生的环保意识得到了显著提升，他们更加珍惜水资源，愿意在日常生活中采取节水措施。

实践能力增强：通过家庭用水调查和制作节水宣传海报等实践活动，学生的观察、分析和解决问题的能力得到了锻炼和提升。

（四）总结与反思

本次小学科学教材与资源环境教育的融合实践取得了显著成效，不仅增强了学生的环保意识和实践能力，也为科学课程注入了新的活力和内涵。然而，在实践中也存在一些不足之处，如部分学生对节水措施的理解还不够深入，需要教师在后续教学中进一步加强引导和指导。同时，教师也应积极探索更多有效的融合方式和手段，以更好地发挥科学课程在资源环境教育中的重要作用。

（五）学生反馈

课程结束后，教师通过问卷调查和个别访谈的方式收集了学生的反馈意见。结果显示，绝大部分学生对本节课的学习内容表示感兴趣，认为通过实地观察和实验探究，自己对水资源有了更深入的了解。同时，学生也表示通过小组讨论和调研分析，自己的环保意识和实践能力得到了提升。此外，学生还对教师的教学方法和教学资源给予了高度评价，认为这些都有助于他们的学习和探究。

（六）教学效果分析

从教学效果来看，本节课的融合实践取得了显著成效。首先，在知识掌握方面，学生不仅掌握了科学教材中关于水资源的基础知识，还深入了解了水资源的珍贵性和保护的重要性。其次，在环保意识提升方面，通过实地观察和调研分析等活动，学生的环保意识得到了显著提升，他们更加珍惜水资源，愿意在日常生活中采取保护措施。最后，在实践能力增强方面，通过实现参观、节水调查和制作宣传海报等实践活动，学生的观察、分析和解决问题的能力得到了锻炼和提升。

然而，在教学过程中也存在一些不足之处。例如，部分学生在实地观察时缺乏目的性和针对性，导致观察结果不够准确和全面。针对这些问题，教师在后续教学中应加强引导和指导，明确观察目的和操作要求，以提高学生的学习效果。

（七）改进建议

为了进一步完善小学科学教学与资源环境教育的融合实践，可以从以下几个方面进行改进：

1. 加强教材与资源环境教育的内在联系：在编写或选择教材时，应注重与资源环境教育的内在联系，使教材内容更加贴近实际、贴近生活、贴近学生。同时，在教学过程中也应根据实际情况对教材内容进行适当拓展和补充。

2. 丰富教学方法和手段：除了实地观察、实验探究和调研分析等方法外，还可以尝试采用案例分析、角色扮演、游戏互动等多样化的教学方法和手段，以激发学生的学习兴趣和探究欲望。

3. 加强实践活动的指导与评价：在实践活动中，教师应加强对学生的指导和评价，明确活动目的和要求，确保每个学生都能积极参与并取得实际成果。同时，还可以通过成果展示、经验分享等方式激发学生的自豪感和成就感。

4. 建立家校合作机制：为了更好地开展资源环境教育，可以建立家校合作机制，邀请家长共同参与学校的教育活动。例如，可以组织家长和学生一起进行环保实践活动，如垃圾分类、植树造林等，以增强家庭和社会的环保意识。

（八）结论

通过本案例的分析可以看出，小学科学教学与资源环境教育的融合实践具有重要的意义和价值。通过融合教学，不仅可以使学生学到更多的科学知识，还可以增强他们的环保意识和实践能力。因此，在未来的教育实践中，应进一步加强小学科学教学与资源环境教育的融合力度，为培养具有环保意识和实践能力的新时代人才做出更大的贡献。

三、综合实践案例：多学科视角下的环境教育

通过实地调研，发现南京市××实验小学已经通过小学科学课程实现了良好的"多育融合"模式（图7-1）。该小学位于南京市市区，是一所师资力量较强、教学质量过硬、历史较为悠久的省实验小学。依托当地高校，该小学逐步形成了独特的办学理念，坚持"面向全体、追求和谐、健康成长、全面发展"，强调教学研究对教育教学工作的促进，突出学生全方位发展的重要性，目标是培养体魄健全、综合素质较高的德智体全面发展的新一代人才。

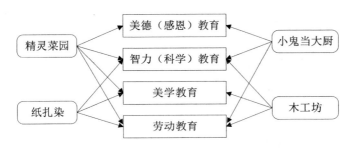

图7-1 小学科学课程"多育融合"模式

（一）精灵菜园

1. 模式分析

依托南京市某著名农业高校，该实验小学拥有农业种植方面的种源和技术指导方面的天然优势。"精灵菜园"活动主要针对该校小学四年级的学生，每个班级分得一块二十平方米左右的园地，供学生学习种植使用。每个班级学生可以对园地自行取名，因此"精灵菜园"仅仅是该活动模式下的典型园名之一。

在该模式下，首先实现的培养目标是劳动教育和科学教育。劳动教育贯穿于整个种植活动当中，学生们通过各种相关活动能够得到非常好的劳动锻炼。在科学教育方面：首先，该园地种植什么品种以及如何种植，都需要学生了解和学习相关植物的生活习性后才能操作；其次，植物尤其是蔬菜常常会患虫害，如何采取生物防治措施进行除虫更需要学生们认真查阅资料，并请教相关专家才能获取较好的处理方法；最后，种植的成本也需要学生们进行科学的分析和规划。因此，在该活动中学生们能够得到充分的科学教育。在感恩教育方面，学生们辛苦劳动的产出大部分是蔬菜，一方面可以用于"小鬼当大厨"活动，实现学习烹饪并享用自己劳动果实的目标；另一方面，多余的蔬菜还能带回家孝敬父母，将感恩教育潜移默化于活动当中。在美学教育方面，如何设计和规划园地，如何制作醒目而有意义的标识牌都是对学生美学的有效锻炼。

2. 教育意义

以"精灵菜园"为代表的种植活动是小学科学课程中非常有意义的内容拓展。在该活动中学生需要边查阅资料边进行种植，随时都要面临和解决种植过程中出现的问题。活动中还需及时进行观察记录，并与其他同学分享自己的种植经验，这样的科学活动既解决了以前课堂中没有植物可研究的尴尬境地，也充分锻炼了学生们的动手能力及团队合作精神，在种植活动中让学生产生由爱上活动到爱护植物、爱护环境的意识。

（二）纸扎染

1. 模式分析

"纸扎染"活动是该校的特色活动之一，可以实现对小学生的智力教育、美学教育和劳动教育的综合培养。在智力教育方面，纸扎染活动特别能激发起学生的好奇心和探索精神，是一种适合少儿身心特点、富于游戏性的活动。在美学教育方面，通过对图案设计、色彩配置和多种技法的掌握及具体的制作过程，可以培养学生的创造意识、审美情趣和动手动脑的能力，从而激发学生对艺术创作的兴趣。在劳动教育方面，纸扎染活动本身也是一种劳动，纸扎染的作品其实就是最好的劳动产品。

2. 教育意义

纸扎染活动可以丰富校园文化生活，充分挖掘学生的内在潜力，发展学生的爱好与特长，培养学生创新精神和实践能力。尤其是该校开展了纸扎染特色文化活动后，相关纸扎染作品常常作为礼品赠送给来访的国内外同行及友人，使得该活动的意义和价值得到了进一步的实现和提升。

（三）小鬼当大厨

1. 模式分析

"小鬼当大厨"以学生学做中餐为主题，鼓励学生在家时可以尝试从买菜、拣菜、洗菜到做菜摆盘的全过程，在学校时可以利用自己种的蔬菜进行烹饪，享受劳动果实带来的喜悦，实现了劳动教育的目的。在美德教育方面，该校小学生除了自己品尝劳动成果，还可以将多余的美食带回家孝敬父母，可以培养学生热爱生活的态度以及学会分享的优良品质。在智力教育方面，在学习厨艺的过程中，该校学生通过该活动，首先能学会食物的分类，初步懂得烹饪简单食品的科学的配比；在学习厨艺的过程中学生还能了解到什么食物对身体有益，什么是不健康的食品，进而有利于养成健康饮食的习惯。在美学教育方面，学生们会用剪、贴、画、写等多种方式制作成一份属于自己的一个以中餐为主题的成长教育的小报，见证成长的幸福时刻。

2. 教育意义

让小学生学习一些基本厨艺的意义非常显著：首先，厨艺是一项能伴随人一生的生活技能，从小培养更能激发学生的学习兴趣；其次，学生们在洗菜、切菜、炒菜等过程中，双手得到锻炼，在解决各种小问题的时候动手能力会提高，有利于刺激大脑发育。同时，在学做菜的过程中，学生们还需要思考哪些步骤需要先进行，如何合理搭配，经过这样日常的锻炼，学生们的思考会越来越全面，统筹能力也会得到加强。

（四）木工坊

1. 模式分析

"木工坊"是该校小学科学课程的又一个典型活动模式。抽象的空间几何、物理受力，化身为手上一块块木板之间的尺寸和结构，在动手思考的过程中，在做错再修改的过程中，学生的空间思维将越来越清晰。这使学生不仅能初步学习传统的中国木工技艺，还充分接受了智力教育、美学教育和劳动教育。

2. 教育意义

《义务教育小学科学课程标准》（2017 年版）把技术与工程的相关

知识首次作为独立的领域呈现出来，强调了工程教育的关键在于激发学生对工程设计的兴趣，突出了培养学生的工程思维的重要性。因此，在小学阶段将工程思维以低龄化的形式呈现在学生面前是非常必要的，有利于小学生从实际的操作体验中感知工程思维，逐步形成自我建构工程思维的雏形。因此，小学生的木工坊课程的学习非常有教育价值，可以拓宽学生的视野，同时可以锻炼他们的动手操作能力。

第二节　教师个人经验在小学科学教学中的融合实践

每位教师都拥有独一无二的人生轨迹和不同的阅历，如何将这些宝贵的经验巧妙地融入小学学科课程乃至日常的科学教育中，无疑是一个颇具深度和有意义的议题。

首先，教师个人的真实经历与经验，如同鲜活的教材，能够助力教师更加深入地剖析和解读科学问题，使抽象的科学知识变得生动而具体。其次，通过分享自身的经历与经验，教师能够激发学生的科学兴趣与好奇心，点燃他们探索未知的渴望，引导他们积极投身于科学的探究与思考之中。最后，教师的人生经历与经验还是培养学生综合素质的宝贵资源。这些经历不仅有助于提升学生的综合素质，更能在潜移默化中培养他们的创新能力和批判性思维，为他们未来的成长奠定坚实的基础。

本节内容巧妙地将笔者个人的经历与小学科学教育相融合，其间穿插了有价值的插图，不仅丰富了内容的层次感和趣味性，也有效提升了读者的阅读体验。以下图片除了个别图片在必要情况下引自小学《科学》教材外，其余均为本人或本人曾经工作的相关照片。

一、活动式（游戏式）教学的魅力

具体来说，接下来将要介绍的第一个案例，是一场有关的生态系统的游戏活动，它与小学《科学》课程中的某些内容紧密相连，如科教版十二册第二单元所探讨的"生物的多样性"这一主题。笔者在面向高校小学教育专业的科学类课程教学中，经常会提及以下这一案例活动。之所以这样做，主要是希望未来的小学（科学）教师们能深刻理解：相较于传统的教育模式，活动式（游戏式）教学无疑更具吸引力，也更能在学生心中留下深刻印象，使其久久不能忘怀。

图 7-2　活动初始感到"生无可恋"

图 7-3　活动中兴趣盎然

2008 年 12 月，广西林业全球环境基金（GEF）项目组织了一次赴香港教育局的环境教育培训，参加人员主要是各国家级自然保护区的局长、副局长以及个别项目核心成员。项目选择赴香港培训的原因是香港的环境教育特别注重自然环境生态方面的内容。[①] 香港教育局的培训官员为此次活动设计了一个关于食物网的活动，每位参与者都获得了一个代表不同生物角色的牌子，包括猎人、小草、蚯蚓、兔子、老鹰、蛇等。

---

① 祝怀新，潘慧萍. 香港学校环境教育政策与实践探析［J］. 比较教育研究，2004（01）：33-37.

游戏伊始，培训官员邀请任意一对具有捕食—被捕食关系的参与者拉紧一根绳子，并试图躺上去，但未能如愿。随后，他引导大家按照捕食—被捕食的关系，共同构建了一个错综复杂的食物网。我的硕士专业是生态学，对这类知识驾轻就熟，还有那些长期在保护区一线工作的保护区的领导和骨干们对此也了如指掌。我作为此次培训活动的项目协调员和主要推动者，"千辛万苦"组织大家来香港培训，培训的居然是这样的"小游戏"，在活动起初让我一度觉得有些"生无可恋"（图7-2）。每次学生们看到我"生无可恋"的照片也会顿时来了兴趣，对接下来活动发展抱有强烈的兴趣。

随着游戏的深入进行，当那位身材略显丰腴的培训官员成功躺在由细绳编织而成的生物链网上而未触地时，全场爆发出了兴奋和激动的欢呼声（图7-3）。那一刻，即使两台相机都未能捕捉到清晰的照片，足以证明大家都全身心地投入了这场游戏。

如今，十六年过去了，但那次生物链游戏的场景依然历历在目。这也让我深刻认识到，活动式（游戏式）教学对学生具有强大的吸引力，而且能够取得显著的教学效果。需要特别注意的是，未来当我们在设计活动时，我们不应仅从自己的角度出发，而是应该站在学生的立场，思考他们真正喜欢和感兴趣的内容。这样的教学方式，能真正激发学生的学习兴趣，提升他们的学习效果。

图7-4　分组式讨论　　　　　　图7-5　分组式分享

2008 年，我们策划开展了另一次环境教育活动（图 7-4 和 7-5），这次活动的地点选在了龙山保护区内的一所乡村小学。考虑到传统课堂模式的局限性，我们将课堂移至广阔的操场，并采用了分组讨论与分享的新型学习模式。学生们对这种新颖的教学方式表现出了极高的热情，全程投入并积极参与其中。这次活动不仅为学生们提供了一个更加自由开放的学习环境，也让他们能够更直观地了解环境保护的重要性，进一步印证了活动式教学的巨大魅力。

二、植物生长与光的作用

教科版《科学》第十册第一单元"生物与环境"（图 7-6）中，涉及一个重要的内容，那就是植物生长与光的作用。在该节内容中，主要讨论绿豆种子发芽是否需要光？光对植物的生长起到什么作用？

光合作用作为植物生命活动的基础，始终是小学、中学乃至大学生命教育中的重要课题。在大学阶段，我们不仅会深入探讨生物量和生物生产率的概念及其影响因素，还会关注植物的亲光性特性如何与其生长发育紧密关联。更进一步地，我们还将研究如何对植物的生态系统服务价值进行货币化估算，以更全面地评估其在自然环境和人类社会中的重要作用。

然而，考虑到小学生的认知水平和接受能力有限，如何让他们更好地理解光合作用这一复杂过程呢？从身边的案例入手进行剖析无疑是一种有效的方法。通过观察和解析日常生活中的植物生长现象，如光对植物生长的影响，可以帮助小学生们建立起直观而深刻的认识，从而更好地理解和掌握这一重要的科学知识。

3 绿豆苗的生长

聚焦

绿豆种子发芽可以不需要阳光，绿豆苗的生长需要阳光吗？光对植物的生长起什么作用？

探索

科学 词汇

光合作用

设计实验来研究绿豆苗的生长是否需要阳光。

1 思考讨论：我们要改变哪些条件？不改变哪些条件？

> **绿豆苗的生长是否需要阳光的实验计划**
>
> 研究的问题：绿豆苗的生长是否需要阳光。
> 预测：绿豆苗的生长需要阳光。
> 实验的方法：保持其他条件相同，把一盆绿豆苗放在阳光充足的地方，一盆放在黑暗的地方。
> 我们要改变的条件：光照。
> 我们不改变的条件：水、温度。

2 观察并记录：一个星期以后，两个花盆里的绿豆苗发生了什么样的变化？ 活动手册

图7-6 教科版《科学》第十册之绿豆苗的生长（P6）

图7-6 阳台内的铁线莲　　　　图7-7 移栽阳台外后的铁线莲

　　我常常借助生活中的鲜活实例作为教学案例，以此激发学生们的兴趣和思考。例如，在涉及植物生长与光合作用的关系时，我会分享自己前几年先后在阳台内外侧种植铁线莲的经历。尽管我倾注了满腔热情与精心照料，由于光线不足，在阳台内侧的铁线莲长势仍然较差。此时，我会展示一张 2020 年拍摄的照片，画面中，那株看似非常弱小的植株上，竟也努力开出了一朵分外娇艳的花朵（图 7-6）。学生们目睹此景，无不惊叹于花开的美丽，同时也会对植株的矮小和花朵的稀少感到惋惜。

　　随后，我会进一步提问，引导学生们深入思考：为何这株铁线莲仅开出了一朵花呢？学生们纷纷提出自己的见解，讨论热烈。紧接着，我会再展示另一张照片，那是我将这株铁线莲移至阳台外侧种植后的景象。只见移植到阳台外的铁线莲枝繁叶茂，绽放出好多朵鲜艳的花朵（图 7-7）。这一对比鲜明的画面再次引发了学生们的热议。

　　通过这一案例，我成功地将生活中的真实场景与课堂教学内容相结合，引导学生们从观察现象到深入思考，进而探索植物生长与光合作用之间的奥秘。这种生动而富有启发性的教学方式，不仅增强了课堂的趣味性，也有效提升了学生们的学习效果。

三、生物多样性保护

　　教科版《科学》十二册中第二单元是"生物的多样性"，在这个单元中，有一个很重要的内容就是保护生物多样性（图 7-8）。其实对于生物多样性的保护，课堂上我们常常可以举出诸如保护大熊猫、金丝猴等案例。但实际上，学生中看到过大熊猫、金丝猴的毕竟是少数，而且对于为什么要保护，如何去保护，学生们的概念是模糊的。

图 7-8　教科版《科学》十二册之保护　图 7-9　我与国家一级濒危动物黑叶猴

**　　　　生物多样性（P36）**

　　涉及生物多样性保护，这个时候我会展示一张经典的照片，是一张国家一级保护动物黑叶猴跳到我头上的照片（图 7-9）。这个时候，学生们一定会欢呼，一方面源于猴子可能会伤人的担忧，另一方面见到猴子跳到自己老师的头上，他们会非常惊讶。这个时候，我会告诉学生们趴在我头上的是一只国家一级保护动物黑叶猴。然后我开始讲述关于这只黑叶猴的故事：在中国和越南共同边境的一个林区，生活着一群濒危动物黑叶猴，在中国这边仅仅只有二十多只。有一天，有一只黑叶猴突然发生了生物学习性上的改变，离开了猴群，溜进老百姓的村屯里面，没事就和村里的小狗玩成一片。由于它是国家一级保护动物，老百姓也不敢伤害它，只能任它来去自由。这个时候，同学们一定会听得津津有味，会追着问后来呢？后来，这只黑叶猴跑进百姓家偷吃了不该吃的食物，最后死了。这个时候同学们一定会很沮丧。

　　然后，我会顺着这个话题，问同学们我们有没有好的办法来保护这个物种？当然，收到的肯定又是各种发散性思维的答案。

　　最后，我会告诉同学们，当时我们联合了一个国际非政府组织

"动植物保护国际"召开了靖西县（现为靖西市）邦亮林区周边社区调查座谈会（图7-10），老师还代表广西林业局与靖西县的财政局、水利局、教育局、林业局等各局的局领导就邦亮林区的调研和保护区的成立展开了深入的讨论，最终在我国第一次采用了参与式乡村评估和参与式规划（图7-11）来修正草拟的保护区边界。

图7-10　邦亮林区周边社区调查座谈会　**图7-11　在邦亮林区参与式调查与规划**

　　由于这个保护区不仅有黑叶猴，还有国家Ⅰ级重点保护野生动物，如东黑冠长臂猿、熊猴、金钱豹、林麝、蟒蛇等。经过我们的努力，广西邦亮长臂猿自治区级自然保护区于调研后的第二年正式成立。由于保护区独特的生态价值和科学意义，短短四年后，该保护区便经国务院审定，变为国家级自然保护区。

　　这一案例生动展示了生物多样性保护的重要性及其实践过程。同学们在听讲的过程中聚精会神，讨论热烈。同时，我也借此机会向同学们传授了农村调研的方法和技巧，希望他们在未来的学习和生活中能够更好地应用这些知识。

四、动物的一生与蚕的饲养

　　教科版小学《科学》第六册涉及了"蚕的一生"的内容（图7-12和图7-13）。其实无论是哪个版本的科学教材，蚕的一生都是非常重要的一个章节。但是如果要让小朋友来饲养蚕，从蚁蚕到产卵，确实有较大的难度，主要问题如下：

1. 学生害怕蚕，不敢喂蚕也不敢碰蚕怎么办？

2. 蚕种如何获取？桑叶从哪里获得？

3. 蚕生病了怎么办？如何预防蚕病？

4. 为什么从蚁蚕到上茧，同学们所花的时间不相同？如何准备上茧的工具？

图7-12　小学《科学》第六册之
动物的一生（P21）

图7-13　小学《科学》第六册之
动物的一生（P22）

5. 蚕蛹化蝶出来后会飞走吗？一只蚕能生蚕卵吗？蚕卵如何保存等？

　　在坚守"热爱方能育人"的信念下，我时常与未来的小学（科学）教师携手开展养蚕活动。令我颇为惊讶的是，不少大学生，甚至一些外表看似强健的男生，竟然对蚕抱有深深的恐惧。这一发现让我深刻体会到，对大自然的热爱，对植物与动物的珍视，必须从小培养，才能在他们心中生根发芽。

　　此时，我会拿出我家孩子的照片（图7-14），向学生们展示：看，我家孩子还在幼儿园时，每天回家第一件事就是迫不及待地观察蚕，他最喜欢将肉嘟嘟的蚕捧在手心仔细观察。这样的分享往往能激起学生们的兴趣，他们不甘落后于幼儿园的小朋友，纷纷表现出强烈的养蚕热情。

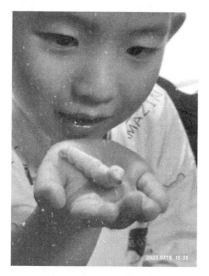 

图 7-14　小朋友仔细观察蚕　　　　图 7-15　蚕结茧了

　　在养蚕的过程中，我还会详细指导学生们如何正确消毒、如何识别桑树和在校园内找到桑树，以及如何妥善保存蚕卵等一系列问题。当蚕结茧了（图 7-15），我会将不同颜色的彩色蚕茧进行分类，在上课的时候作为小奖品送给主动互动的学生。

　　通过这一系列的实践活动，我希望学生们能够将养蚕从一项学习任务逐渐转化为内心对科学探究的热爱。只有这样，我们才能真正教育好祖国的下一代，让他们在热爱中茁壮成长。

第八章

结论与展望

第一节　研究结论

随着全球范围内教育创新不断深入以及科技日新月异，小学科学教育在培养学生科学素养和创新能力方面的价值逐渐受到广泛重视。资源环境教育，作为当代社会不可或缺的教育理念，其核心目标之一是要显著提高公众对资源环境的认知和理解。小学阶段是实施资源环境教育的最佳阶段之一。本研究的主要研究结果如下：

1. 在教科版、苏教版和人教版小学《科学》教材比较方面：在内容设计上，教科版内容划分最为细致，人教版其次，苏教版单元数量最少但内容最综合；人教版在每章结束专门设计了一个单元回顾的部分，而教科版和苏教版则没有。在图文编排上，三套教材都采用了大量精美的图片帮助学生认知和学习，苏教版中更涉及大量的观察与表格记录。在课程容量及设计上，教科版是层层递进式，而苏教版及人教版在教学单元设置上则有些不规则。在教学逻辑上，教科版主要通过聚焦、探索、研讨、拓展来串联整个章节的内容，整个设计非常规范；人教版主要通过科学实践、拓展与应用串联整个章节的内容；苏教版指导低年级学生主要通过观察、思考、动手、交流、阅读、记录和拓展来串联章节的内容，中高年级则增加了选择、注意和环保等要素。

2. 小学科学与资源环境教育在环保意识培养、科学实践能力的提升、知识视野的拓展方面具有内在联系。小学科学与资源环境教育之间具有教育目标的一致性、教育内容的互补性以及教育资源的互补性等特点，这也是二者创新融合的必要性条件。

3. 本书提出了在以下九个方面实施和加强小学科学与资源环境教育的创新融合：教材内容优化、跨学科有效整合、实践活动的增强与设计、教育资源的共享利用、地域特色融入、信息化技术应用、师资培训的强化、合作机制的建立、课外资源的拓展与应用等。

第二节　建议与展望

本书探讨了小学科学教育、小学科学教材与资源环境教育的关系，并提出了一系列切实可行的融合策略。然而，由于个人能力和视野的局限性，本研究仅对这一领域进行了初步的探索。

本研究还存在诸多不足之处。首先，国内外小学科学教育的历史发展博大精深，内容纷繁复杂，本研究无法一一深入了解，许多方面仍处于初步认识的阶段。其次，我国小学科学教材版本众多，本研究未能对所有版本进行详尽的比较分析，即使是针对教科版、人教版和苏教版进行研究，也仍有诸多值得深入挖掘和比较的地方。此外，本书试图通过大量的基于小学科学教材内容的设计案例来阐述各种观点，但在这一过程中难免存在一些浅显和重复之处。最后，本书是一次充满未知性的尝试，试图用通俗易懂的语言和案例来撰写一本关于小学科学教育的著作，这无疑是一次大胆的冒险。

尽管如此，我仍期望本书能够为小学科学教育的发展提供一些有益的启示和思考，并为后续研究提供一定的参考和借鉴。

参考文献

（一）外文部分

［1］HERBERT S, HOBBS L. Pre-Service Teachers' Views of School-Based Approaches to Pre-Service Primary Science Teacher Education［J］. Res Sci Educ, 2018（48）: 77-809.

［2］GOLOB N. Is Healthy Lifestyle a Science Education Topic? - Study of a Healthy Way of Life, Beverages and Meal Choices among Primary School Children［J］. Education and Science, 2011, 36（162）: 288-300.

［3］LIU X, JING S, GONG X, et al. Design of Science Education Course for Primary and Secondary School in the Intelligent Age［C］. 2018 Chinese Automation Congress: 1-4.

［4］Potter, G.. Environmental Education for the 21st Century: Where Do We Go Now?［J］The Journal of Environmental Education, 2009, 41（1）, 22-33.

［5］XING LI, LINA MA, ASIF M. RUMAN, et al. Impact of Natural Resource Mining on Sustainable Economic Development: The Role of Education and Green Innovation in China［J］. Geoscience Frontiers, 2024, 15（3）: 101703.

（二）期刊论文

［6］方琨．小学科学课程实施的阻力及其应对［J］．教学与管理，2019（21）：113-116．

［7］冯凯．建立联结：科学教材内容育人价值的深度挖掘：以苏教版小学科学"神奇的机械"单元为例［J］．教育理论与实践，2022，42（14）：41-43．

［8］董艳，和静宇，徐唱等．STEM教师信息素养的情境化分析与发展策略［J］．中国电化教育，2020，（08）：70-77．

［9］董延涛，阴秀琦，张艳飞，等．战略性矿产资源高质量开发利用问题与对策［J］．地球学报，2021，42（02）：145-150．

［10］郭亚山．苏教版小学科学教材中亟待解决的三个问题［J］．考试周刊，2018（50）：3+5．

［11］胡军．中日小学科学课程标准比较研究［J］．外国中小学教育，2010（09）：40-45．

［12］胡进．我国内地及香港小学科学课程标准比较与评析［J］．教育测量与评价，2018（01）：39-45．

［13］黄海旺，王海英．小学科学教材与教学现状及对策［J］．课程·教材·教法，2007（06）：70-76．

［14］黄宇．国际环境教育的发展与中国的绿色学校［J］．比较教育研究，2003（01）：23-27．

［15］雷道兵．小学科学教学中存在的问题及应对［J］．新课程研究，2023（28）：69-71．

［16］李春兰，江黎霖，孔令翠．晚清科学教科书翻译与新式学堂科学知识教育［J］．上海翻译，2024（03）：48-53 +95．

［17］李敏．推动小学生科学素养形成的能力探究［J］．科学大众（科学教育），2019（07）：40-150．

［18］刘忠学.美国小学科学教材中的跨学科学习内容及特点：以斯科特·福斯曼版《科学（1—6级）》教材为例［J］.湖北教育（科学课），2023（01）：75-77.

［19］林丹玲.从改变学习方式到赋能科学素养：小学科学项目化学习的行与思［J］.小学教学参考，2022（03）：83-85.

［20］罗春燕.小学科学教科书中单元主题图的分析与建议：以中年段教科版教科书为例［J］.教育观察，2021，10（15）：106-109.

［21］潘洪建.小学科学课程：国际趋势与政策建议：基于10国课程标准的比较［J］.当代教育与文化，2017，9（02）：32-40.

［22］潘洪建.小学科学教材60年［J］.河北师范大学学报（教育科学版），2015，17（02）：29-34.

［23］钱玮鞾.STSE教育关于自然资源与国家安全的教学策略：以《水资源与国家安全》为例［J］.福建基础教育研究，2024（04）：95-97.

［24］邵昂."探究光照强度对植物净光合速率的影响"教学案例［J］.生物学通报，2017，52（03）：35-38.

［25］邵建新，田德旭.新教科版、苏教版小学一年级科学教材比较分析［J］.兵团教育学院学报，2018，28（06）：74-79.

［26］史加祥.小学科学学科核心素养的评价与改进：基于中国、新加坡、英国、美国小学科学测评卷的比较［J］.教育测量与评价，2021（02）：56-64.

［27］石明芝.利用自然资源开展科学教育［J］.好家长，2021（95）：11.

［28］孙润秀.小学教育专业加强学生科学素养的策略［J］.阴山学刊（自然科学），2010，24（01）：110-113.

［29］宋洁.以环境教育为契机的可持续发展人才培养策略［J］.教育教学论坛，2018，（04）：18-20.

［30］谈梅芬，勇辉．科学家精神观照下的小学科学课程校本化实施：以宜兴市湖滨实验学校的实践为例［J］．江苏教育研究，2024（05）：112-116.

［31］王馨梅，贾生海，武兰珍，等．甘肃省非常规水资源农业利用现状及存在问题［J］．农业工程，2023，13（12）：77-82.

［32］叶丽娜，方蕾蕾，冯永刚，等．追求教育选择的多元化：英国基础教育学制发展趋势研究［J］．基础教育参考，2023（07）：37-47.

［33］闫蒙钢，朱小丽，孙影．美国STC教材与我国小学科学教材的比较［J］．比较教育研究，2009，31（02）：68-72.

［34］姚建欣．新编小学科学教材的特点分析与后续册次修订建议［J］．课程·教材·教法，2018，38（11）：128-133.

［35］赵书栋，刘嘉茹．科学素养导向下两岸小学科学教材内容广度和深度的比较［J］．内蒙古师范大学学报（教育科学版），2020，33（02）：133-137.

［36］赵桐，李俊颖，王浚浦．新时期农村土地资源管理与土地利用问题的分析［J］．中国农村科技，2022（03）：61-62.

［37］张婷，张传军．乡村小学教育资源配置问题与对策建议：以G省为例［J］．天津师范大学学报（社会科学版），2024（03）：118-125.

［38］张燕妮．小学环境教育校本课程开发的实践研究［J］．环境教育，2024（Z1）：66-68.

［39］朱姝．例谈自然资源在科学启蒙教育中的运用［J］．好家长，2019（95）：93.

［40］祝怀新，阮迪．小学科学教师实施环境教育的问题与对策：基于杭州市西湖区小学科学教师的实证研究［J］．教育文化论坛，2022，14（01）：86-92.

［41］祝怀新，潘慧萍．香港学校环境教育政策与实践探析［J］．比较教育研究，2004（01）：33-37.

［42］祝怀新，郑和淋．英国小学科学新课程改革探究［J］．外国中小学教育，2015（01）：50-54.

（三）学位论文

［43］迟菁华．基于科学学科核心素养的小学科学教材比较研究［D］．济南：山东师范大学，2021.

［44］崔青青．中美最新小学科学课程标准比较研究［D］．扬州：扬州大学，2018.

［45］戴秀丽．生态价值观的演化及其实践研究［D］．北京：北京林业大学，2009.

［46］杜代立．教科版与湘教版小学科学教科书比较研究［D］．重庆：重庆师范大学，2015.

［47］郝春香．小学科学课程中环境教育的研究［D］．北京：首都师范大学，2014.

［48］贾策远．美国小学科学教育研究［D］．延边：延边大学，2020.

［49］粟蝶．中美小学科学教材中环境素养取向的比较研究［D］．金华：浙江师范大学，2023.

［50］李娟．改革开放以来我国科学素质教育政策演变分析［D］．长沙：湖南大学，2011.

［51］李前梅．郑玄《尚书》学思想探微［D］．武汉：武汉大学，2022.

［52］林华．龙嘉镇小学科学教师素质状况调查与分析［D］．长春：东北师范大学，2007.

［53］刘洁．中美小学科学内容标准的比较研究［D］．上海：上海

师范大学，2014.

[54] 马艳艳. 文化与道德的关系及道德建设探究 [D]. 南昌：江西师范大学，2015.

[55] 史湘萍.《千字文》研究 [D]. 长春：东北师范大学，2013.

[56] 施展霞. 美国、英国、新加坡、中国小学科学课程标准比较研究 [D]. 南京：南京师范大学，2018.

[57] 邱美.《诗经》中的植物意象及其影响 [D]. 苏州：苏州大学，2008.

[58] 盛晨淼. 小学科学教育的现状、问题及对策研究 [D]. 长春：吉林外国语大学，2024.

[59] 沈梦. 基于核心素养的小学科学单元教学设计研究 [D]. 南京：南京师范大学，2021.

[60] 王岚. 利用生物科学史组织探究教学的教学模式研究 [D]. 南京：南京师范大学，2007.

[61] 王雪. 科学史的教育功能及其实践探索 [D]. 上海：东华大学，2016.

[62] 谢恭芹. 中国近现代小学科学课程演变研究 [D]. 北京：首都师范大学，2009.

[63] 许友权. 中国与厄瓜多尔小学科学课程标准比较研究 [D]. 扬州：扬州大学，2018.

[64] 杨舒宁. 小学科学教科书中环境教育内容编制的分析 [D]. 沈阳：沈阳师范大学，2011.

[65] 杨晶. 中小学专题教育实施策略研究：以中小学环境教育实施为例 [D]. 曲阜：曲阜师范大学，2009.

[66] 张晋. 美国小学科学教材 Science Fusion 的分析研究 [D]. 济南：山东师范大学，2018.

[67] 张静. 人教社 2003 与 2004 年版高中生物（必修）教材的比

较研究［D］．曲阜：曲阜师范大学，2006．

［68］张文然．小学科学技术教育活动的设计与实施［D］．济南：山东师范大学，2010．

［69］张天阔．"美丽中国"视阈下大学生生态文明教育研究［D］．哈尔滨：东北农业大学，2016．

［70］周玉华．基于STEM理念的小学科学课程开发研究［D］．武汉：华中科技大学，2018．

（四）著作

［71］祝怀新．环境教育论［M］．北京：中国环境科学出版社，2002．

［72］中华人民共和国教育部．义务教育小学科学课程标准：第一版［M］．北京：北京师范大学出版社，2017．

附　录

表 1　苏教版小学《科学》教材章节内容

	第一单元	第二单元	第三单元	第四单元	第五单元	
第一册	走进科学： 1 小小科学家 2 小小工程师 3 上好科学课	用感官观察： 4 认识感官 5 感官总动员 6 借助工具观察	用大脑思考： 7 做个小侦探 8 暗箱里的秘密 9 树叶变黄了	用双手创造： 10 自然世界与人工世界 11 衣食住行的变化 12 轮子的故事	专项学习： 像工程师那样	
第二册	石头与泥土： 1 石头 2 泥土 3 沙子与黏土	水： 4 水是什么样的 5 玩转小水轮 6 盐和糖哪儿去了	空气： 7 找空气 8 这里面有空气吗 9 空气是什么样的	动物与植物： 10 形形色色的动物 11 多姿多彩的植物 12 动物·人	专项学习： 像科学家那样	科学阅读： 科技发展历程 1
第三册	关心天气： 1 今天天气怎么样 2 天气的影响 3 四季的天气	天空中的星体： 4 晒太阳 5 看月亮 6 数星星	用力以后： 7 推和拉 8 形状改变了 9 动起来与停下来	奇妙的光： 10 明亮与黑暗 11 透明与不透明 12 玩玻璃纸	专项学习： 像工程师那样	

续表

	第一单元	第二单元	第三单元	第四单元	第五单元		
第四册	它们是用什么做的： 1 认识常见材料 2 各种各样的杯子 3 神奇的新材料	玩磁铁： 4 磁铁的磁力 5 磁体的两极 6 自制指南针	土壤与生命： 7 栽小葱 8 养蚂蚁 9 寻访土壤中小动物	打开工具箱： 10 认识工具 11 拧螺丝 12 做个小温室		专项学习： 像科学家那样	科学阅读： 科技发展历程 2
第五册	认识空气： 1 空气占据空间吗 2 空气有质量吗 3 热空气和冷空气	研究土壤： 4 土壤的成分 5 土壤的类型 6 肥沃的土壤 7 保护土壤	固体和液体： 8 认识固体 9 认识液体 10 固体的混合与分离 11 把盐放到水里	地球上的水资源： 12 河流与湖泊 13 地下水 14 海洋 15 珍惜水资源	人的呼吸和消化： 16 人的呼吸 17 运动和呼吸 18 食物的旅行 19 食物与营养	专项学习： 像工程师那样	
第六册	植物的一生： 1 种子发芽了 2 幼苗长大了 3 植物开花了 4 植物结果了	植物与环境： 5 不同环境里的植物 6 沙漠中的植物 7 水里的植物 8 石头上的植物	声音的奥秘： 9 声音的产生 10 声音的传播 11 不同的声音	身边的材料： 12 天然材料与人造材料 13 纸 14 金属 15 塑料	观测天气： 16 测量气温 17 运量和雨量 18 风向和风力 19 天气和气候	专项学习： 像科学家那样	科学阅读： 科技发展历程 3

续表

	第一单元	第二单元	第三单元	第四单元	第五单元	专项学习	科学阅读
第七册	动物大家族： 1 给动物分类 2 鱼类 3 鸟类 4 哺乳动物	物体的运动： 5 运动与位置 6 不同的运动 7 运动的快慢	常见的力： 8 力与运动 9 弹力 10 摩擦力 11 浮力	简单电路： 12 点亮小灯泡 13 导体与绝缘体 14 电路暗箱 15 生活中的电	岩石与矿物： 16 常见的岩石 17 认识矿物 18 矿物与我们的生活	专项学习： 像工程师那样	
第八册	冷和热： 1 冷热与温度 2 热胀冷缩 3 水受热以后 4 水遇冷以后	地球、月球与太阳： 5 地球 6 月球 7 太阳 8 太阳钟	昆虫： 9 庞大的"家族" 10 养昆虫 11 探究昆虫的奥秘	繁殖： 12 用种子繁殖 13 用根茎叶繁殖 14 动物的繁殖	生物与环境： 15 生物与非生物 16 动物的庇护所 17 环境变化以后	专项学习： 像科学家那样	科学阅读： 科技发展历程 4
第九册	光与色彩： 1 光源 2 光的传播 3 光的反射 4 七色光	热传递： 5 热传导 6 热对流 7 热辐射 8 物体的传热本领	地球的表面和内部： 9 地球的表面 10 火山和地震 11 地球的内部 12 地表雕刻师	水在自然界的循环： 13 云和雾 14 露和霜 15 雨和雪 16 水滴的"旅行"	人体"司令部"： 17 刺激与反应 18 从刺激到大脑 19 我们的大脑	专项学习： 像工程师那样	

续表

	第一单元	第二单元	第三单元	第四单元	第五单元	专项学习	科学阅读
第十册	显微镜下的生命世界： 1 搭建生命体的"积木" 2 微小的生命体 3 发霉与防霉 4 微生物的"功"与"过"	仿生： 5 生物的启示 6 蛋壳与拱形建筑 7 蝙蝠与雷达 8 我们来仿生	地球的运动： 9 昼夜交替 10 昼夜对植物的影响 11 昼夜对动物的影响 12 四季循环	简单机械： 13 撬重物的窍门 14 拧螺丝的学问 15 升旗的方法 16 斜坡的启示	STEAM学习： 立体小菜园	专项学习： 像科学家那样	科学阅读： 科技发展历程5
第十一册	物质的变化： 1 蜡烛的变化 2 铁钉生锈 3 制作汽水 4 化学家的研究	遗传与变异： 5 生物的遗传 6 生物的变异 7 寻找遗传和变异的秘密	化石的奥秘： 8 消失的恐龙 9 化石告诉我们什么 10 用化石作证据	探索宇宙： 11 太阳系大家族 12 观察星空 13 冲出地球 14 探索宇宙	科技改变生活 15 影响人类文明的里程碑 16 人造肥料和现代农业 17 钢筋混凝土与现代建筑业 18 电动机与现代工业	专项学习： 像科学家那样	

第一单元	第二单元	第三单元	第四单元	第五单元	专项学习：	科学阅读：
神奇的能量： 1 什么是能量 2 各种各样的能量 3 能量的转换 4 电磁铁	生物和栖息地： 5 多样的栖息地 6 有趣的食物链 7 做个生态瓶 8 适应生存的本领	自然资源： 9 多种多样的自然资源 10 煤、石油和天然气 11 开发新能源 12 善用自然资源	理想的家园： 13 洁净的水域 14 清新的空气 15 多样的生物 16 健康的土地	STEAM学习： 节能小屋	像科学家那样	科技发展历程 6

第十二册

表 2 教科版小学《科学》教材章节内容

	第一单元	第二单元	第三单元	第四单元
第一册	植物： 1 我们知道的植物 2 观察一棵植物 3 观察叶 4 这是谁的叶 5 植物是活的吗 6 校园里的植物	比较与测量： 1 在观察中比较 2 起点与重点 3 用手来测量 4 用不同的物体来测量 5 用相同的物体来测量 6 做一个测量纸带 7 比较测量纸带和尺子		

续表

		第一单元	第二单元	第三单元	第四单元
第二册		我们周围的物体： 1 发现物体的特征 2 谁轻谁重 3 认识物体的形状 4 给物体分类 5 观察一瓶水 6 它们去哪里了 7 认识一袋空气	动物： 1 我们知道的动物 2 校园里的动物 3 观察一种动物 4 给动物建个家 5 观察鱼 6 给动物分类		
第三册		我们的地球家园： 1 地球家园中有什么 2 土壤——动植物的乐园 3 太阳的位置和方向 4 观察月相 5 各种各样的天气 6 不同的季节 7 做大自然的孩子	材料： 1 我们生活的世界 2 不同材料的餐具 3 书的历史 4 神奇的纸 5 椅子不简单 6 做一顶帽子 科学阅读		

212

	第一单元	第二单元	第三单元	第四单元
第四册	磁铁： 1 磁铁能吸引什么 2 磁铁怎样吸引物体 3 磁铁的两极 4 磁极与方向 5 做一个指南针 6 磁极间的相互作用 7 磁铁和我们的生活	我们自己： 1 观察我们的身体 2 通过感官来发现 3 观察与比较 4 测试反应快慢 5 发现生长 6 身体的时间胶囊 科学阅读		
第五册	水： 1 水到哪里去了 2 水沸腾了 3 水结冰了 4 冰融化了 5 水能溶解多少物质 6 加快溶解 7 混合与分离 8 它们发生了什么变化	空气： 1 感受空气 2 空气能占据空间吗？ 3 压缩空气 4 空气有质量吗 5 一袋空气的质量是多少 6 我们来做热气球 7 风的成因 8 空气和我们的生活	天气： 1 我们关心天气 2 认识温度计 3 热量气温 4 测量降雨量 5 观测风 6 观察云 7 整理我们的天气日历 8 天气预报是怎样制作出来的	

213

续表

	第一单元	第二单元	第三单元	第四单元
第六册	物体的运动： 1 运动和位置 2 各种各样的运动 3 直线运动和曲线运动 4 物体在斜面上运动 5 比较相同距离内运动的快慢 6 比较相同时间内运动的快慢 7 我们的过山车 8 测试过山车	动物的一生： 1 迎接蚕宝宝的到来 2 认识其他动物的卵 3 蚕长大了 4 蚕变了新模样 5 蚕中钻出了蚕蛾 6 蚕的一生 7 动物的繁殖 8 动物的一生	太阳，地球和月球： 1 仰望天空 2 阳光下物体的影子 3 影子的秘密 4 月相变化的规律 5 月球——地球的卫星 6 地球的形状 7 地球——水的星球 8 太阳，月球和地球	
第七册	声音： 1 听听声音 2 声音是怎样产生的 3 声音是怎样传播的 4 我们是怎样听到声音的 5 声音的强或弱 6 声音的高与低 7 让弦发出高低不同的声音 8 制作我的小乐器	呼吸与消化： 1 感受我们的呼吸 2 呼吸与健康生活 3 测量肺活量 4 一天的食物 5 食物中的营养 6 营养要均衡 7 食物在口腔里的变化 8 食物在身体里的旅行	运动和力： 1 让小车运动起来 2 用气球驱动小车 3 用橡皮筋驱动小车 4 弹簧测力计 5 运动与摩擦力 6 运动的小车 7 设计制作小车（一） 8 设计制作小车（二）	

214

续表

	第一单元	第二单元	第三单元	第四单元
第八册	植物的生长变化： 1 种子里孕育着新生命 2 种植凤仙花 3 种子长出了根 4 茎和叶 5 凤仙花开花了 6 果实和种子 7 种子的传播 8 凤仙花的一生	电路： 1 电路和我们的生活 2 点亮小灯泡 3 简易电路 4 电路出故障了 5 里面是怎么连接的 6 导体和绝缘体 7 电路中的开关 8 模拟安装照明电路	岩石和土壤： 1 岩石和土壤的故事 2 认识几种常见的岩石 3 岩石的组成 4 制作岩石和矿物标本 5 岩石、沙和黏土 6 观察土壤 7 比较不同的土壤 8 岩石、土壤和我们	健康生活： 1 我们的身体 2 身体的运动 3 心脏和血液 4 身体的"总指挥" 5 身体的"联络员" 6 学会管理和控制自己 7 制定健康生活计划
第九册	光： 1 有关光的思考 2 光是怎么传播的 3 光的传播会遇到阻碍吗 4 光的传播方向会改变吗 5 认识棱镜 6 光的反射现象 7 制作一个潜望镜	地球表面的变化： 1 地球的表面 2 地球的结构 3 地震的成因及作用 4 火山喷发的原因及作用 5 风的作用 6 水的作用 7 总结我们的认识	计量时间： 1 时间在流逝 2 用水计量时间 3 我们的水钟 4 机械摆钟 5 摆的快慢 6 制作钟摆 7 计量时间和我们的生活	

续表

	第一单元	第二单元	第三单元	第四单元
第十册	生物与环境： 1 种子发芽实验 2 比较种子的发芽实验 3 绿豆苗的生长 4 蚯蚓的选择 5 当环境改变了 6 食物链和食物网 7 设计和制作生态瓶	船的研究： 1 船的历史 2 用浮的材料造船 3 用沉的材料造船 4 增加船的载重量 5 给船装上动力 6 设计我们的小船 7 制作与测试我们的小船	环境与我们： 1 地球—宇宙的奇迹 2 我们面临的环境问题 3 珍惜水资源 4 解决垃圾问题 5 合理利用资源 6 让资源再生 7 分析一个实际的环境问题	热： 1 温度与水的变化 2 水的蒸发与凝结 3 温度不同的物体相互接触 4 热在金属中的传递 5 热在水中的传递 6 哪个传热快 7 做一个保温杯
第十一册	微小世界： 1 放大镜 2 怎么放的更大 3 观察身边微小的物体 4 观察洋葱表皮细胞 5 观察更多的生物细胞 6 观察水中微小的生物 7 微生物与健康	地球的运动： 1 我们的地球模型 2 昼夜交替现象 3 人类认识地球运动的历史 4 谁先迎来黎明 5 影长的四季变化 6 地球的公转与四季变化 7 昼夜和四季变化对生物的影响	工具与技术： 1 紧密联系的工具与技术 2 斜面 3 不简单的杠杆 4 改变运输的车轮 5 灵活巧妙的剪刀 6 推动社会发展的印刷术 7 信息的交流传播	能量： 1 各种形式的能量 2 调查家中使用的能量 3 电和磁 4 电能与磁铁 5 电磁铁 6 神奇的小电动机 7 能量从哪里来

续表

	第一单元	第二单元	第三单元	第四单元	第五单元	第六单元
第十二册	小小工程师： 1 了解我们的住房 2 认识工程 3 建造搭台 4 设计搭台模型 5 制作搭台模型 6 测试搭台模型 7 评估改进搭台模型	生物的多样性： 1 校园生物大搜索 2 制作校园生物分布图 3 形形色色的植物 4 多种多样的动物 5 相貌各异的我们 6 古代生物的多样性 7 保护生物的多样性	宇宙： 1 太阳系大家庭 2 八颗行星 3 日食 4 认识星座 5 夏季星空 6 浩瀚的宇宙 7 探索宇宙	物质的变化： 1 厨房里的物质与变化 2 产生气体的变化 3 发现变化中的新物质 4 变化中伴随的现象 5 地球家园的化学变化 6 生命体的化学变化 7 美丽家园的化学变化		

表 3　人教版小学《科学》教材章节内容

	第一单元	第二单元	第三单元	第四单元
第一册	走近科学： 1 科学真有趣 2 袋子里面有什么 3 相同和不同	家养小动物： 4 金鱼 5 猫和兔 6 常见的家养动物	家中的物品： 7 它们是用什么做的 8 不一样的材料 9 纸制品	制作小物品： 10 常见的工具 11 制作笔筒 12 展示与改进
第二册	校园里的植物： 1 各种各样的叶 2 多彩的花 3 观察校园里的植物	位置和方向： 4 前后左右 5 东南西北 6 校园寻宝	有趣的磁铁： 7 认识磁铁 8 磁铁的磁极 9 磁极间的作用	做个指南针： 10 认识指南针 11 制作指南针 12 展示与改进指南针

续表

	第一单元	第二单元	第三单元	第四单元	第五单元	第六单元
第三册	植物的生活： 1 亲近植物 2 谁的植物长得好 3 我们离不开植物	水和空气： 4 水 5 把它们放进水里 6 空气	推和拉： 7 拉力 8 推力 9 巧用力	制作小船： 10 认识船 11 设计和制作小船 12 改进小船		
第四册	了解天气： 1 各种各样的天气 2 天气与生活 3 天气早知道	太阳月亮四季： 4 太阳升起来了 5 月亮 6 春夏秋冬	观察小动物： 7 蚂蚁 8 蜗牛 9 动物的感知本领	从自然界到人工世界： 10 自然世界与人工世界 11 不断发展的人工产品 12 我们的创意		
第五册	食物与消化： 1 多种多样的食物 2 食物的营养 3 食物的消化 4 饮食与健康	融解与分离： 5 盐和糖的溶解 6 把盐析出来 7 把它们分离	家庭用电： 8 手电筒的秘密 9 开关 10 电路出了什么故障 11 电与我们	我们的呼吸： 12 呼吸与空气 13 呼吸器官 14 保护呼吸器官	小小建筑师： 15 建筑中的材料 16 建筑中的机构 17 涉及制作建筑模型	

续表

	第一单元	第二单元	第三单元	第四单元	第五单元	第六单元
第六册	土壤与岩石： 1 土壤里有什么 2 比较不同的土壤 3 岩石与矿物	种凤仙花： 4 播种发芽 5 养护凤仙花 6 根茎叶 7 花果实种子 8 凤仙花的一生	周围的空气： 9 哪里有空气 10 空气有质量吗 11 空气占据空间吗	学习用品中的科学： 12 笔芯为什么能够伸缩 13 笔杆上橡胶套的作用 14 橡皮泥在水中的沉浮	物体的运动： 15 谁在动 16 玩小球 17 耍小车	动力小车： 18 设计与制作 19 测试与改进
第七册	多样的动物： 1 鸟类和哺乳动物 2 动物的分类 3 我国的珍稀动物	动植物的繁殖： 4 动物的繁殖 5 用种子繁殖 6 不同种子怎样繁殖 养蚕： 5 蚕出生了 6 怎样养蚕 7 蚕的一生 8 蚕的一生	加热与冷却： 7 水受热遇冷会怎样 8 固体也热胀冷缩吗 9 空气的热胀冷缩	地球上的水： 10 水的分布 11 水结冰了 12 水的沸腾	声音： 13 声音的产生 14 声音的传播 15 声音的变化	制作乐器： 16 认识和设计乐器 17 制作与演奏
第八册	天气与气候： 1 一天的气温 2 风向和风力 3 观测云和雨 4 气候和气象灾害		环境中的生物： 9 生物与非生物 10 不同环境中的植物 11 不同环境中的动物	地球太阳月球： 12 认识地球的形状 13 太阳和月球 14 月相的变化	影子的变化： 15 会变的影子 16 阳光下的影子	简易计时器： 17 认识简易计时器 18 制作日晷

续表

	第一单元	第二单元	第三单元	第四单元	第五单元	第六单元
第九册	烧水过程中的热传递： 1 壶是怎样热的 2 水是怎样热起来的 3 炉火周围的热现象 4 保温和散热	后代与亲代： 5 孩子与父母 6 植物的亲代与后代 7 灭绝的远古动物	显微镜下的生物世界： 8 水中的微小生物 9 显微镜下的细胞 10 多种多样的微生物 11 预防传染病	光： 12 光的传播 13 光的反射 14 彩虹	太阳能热水器： 15 认识太阳能热水器 16 制作简易太阳能热水器 17 改进与交流	
第十册	昼夜与四季： 1 白天与黑夜 2 谁先看到日出 3 四季的形成	能量的转换： 4 电灯的能量转换 5 电铃的能量转换 6 小电机转起来 7 随处可见的能量转换	健康生活： 8 人的感知与反应 9 脑的功能 10 保护我们的身体	简单机械： 11 杠杆 12 滑轮 13 轮轴 14 斜面	制作省力装置： 15 设计与制作 16 测试与改进	

续表

	第一单元	第二单元	第三单元	第四单元	第五单元	第六单元
第十一册	物质的变化: 1 生锈与防锈 2 蜡烛的燃烧 3 颜色变化	田野里的生物: 4 植物的简单分类 5 植物的光合作用 6 食物链	天气的成因: 7 水到哪里去了 8 雾和云 9 露和霜 10 雨和雪 11 水在自然界的循环	自然资源: 12 各种各样的自然资源 13 煤、石油和天然气 14 风能和水能 15 自然资源的开发和保护	建造植物工厂: 16 走进植物工厂 17 设计与建造植物工厂	
第十二册	生物与环境: 1 生物的栖息地 2 动物对环境的适应 3 保护生物与环境	地表形态的变化: 4 地表流水的力量 5 地球的内部结构 6 地震 7 火山喷发	探索宇宙: 8 太阳、地球和月球 9 太阳系 10 认识星空 11 人类探索宇宙的历程	飞向太空: 12 认识飞行器 13 制作火箭 14 模拟探索:到火星上去